Arden Moore

HUNDE WISSEN FÜR KIDS

Alles, was du über Pflege, Training, Spiel und Spaß für deinen Vierbeiner wissen musst

mvg verlag

Bibliografische Information der Deutschen Nationalbibliothek
Die Deutsche Nationalbibliothek verzeichnet diese Publikation in der Deutschen Nationalbibliografie.
Detaillierte bibliografische Daten sind im Internet über https://dnb.de abrufbar.

Für Fragen und Anregungen
info@m-vg.de

Wichtiger Hinweis
Dieses Buch ist für Lernzwecke gedacht. Es stellt keinen Ersatz für eine individuelle tiermedizinische Beratung dar und sollte auch nicht als solcher benutzt werden. Wenn Sie tiermedizinischen Rat einholen wollen, konsultieren Sie bitte einen qualifizierten Tierarzt. Der Verlag und die Autorin haften für keine nachteiligen Auswirkungen, die in einem direkten oder indirekten Zusammenhang mit den Informationen stehen, die in diesem Buch enthalten sind.

2. Auflage 2026

Türkenstraße 89
80799 München
Tel.: 089 651285-0

Die englische Originalausgabe erschien 2020 bei Storey Publishing unter dem Titel *A Kid's Guide To Dogs. How To Train, Care And Play And Communicate With Your Amazing Pet*!

Übersetzung: Katja Theiß
Redaktion: Silke Panten
Umschlaggestaltung: Sonja Vallant
Umschlagabbildungen: shutterstock/Soloviova Liudmyla, Amalga, Rolau Elena; igorrl/iStock.com
Fotos Innenteil: Mars Vilaubi, weitere Bildnachweise auf S. 144
Handwerk und Foodstyling: Liseann Karandisecky
Illustrationen: Ryan Wheatcroft; S. 44, 109, 110: Ilona Sheratt
Layout: Alethea Morrison
Satz: Susanne Kerner
Druck: Balto Print UAB, Litauen
Printed in the EU

ISBN 978-3-7474-0503-1

Weitere Informationen zum Verlag finden Sie unter
www.mvg-verlag.de
Beachten Sie auch unsere weiteren Verlage unter www.m-vg.de

EIN HERZLICHES »HIGH PFÖTCHEN«
an all die Hunde in meinem Leben, die mich – in der Vergangenheit oder heute – zu einem besseren Menschen gemacht haben. Besondere Anerkennung gilt meiner hündischen Schreibpartnerin für dieses Buch, Kona, meinem süßen und klugen Jack-Russell-Terrier-Mix.

Außerdem ein dickes Lob an meine tierliebe Familie, insbesondere an Julie, Deb, Karen, Kevin, Jill und Rick.

Inhalt

Arden und Kona

Hallo, Kids!

Wenn ihr dieses Buch lest, liebt ihr Tiere bestimmt genauso wie ich! Eine meiner schönsten Erinnerungen ist der Tag, an dem mein Vater mit einem Beagle nach Hause kam. Er hatte die Hündin aus dem örtlichen Tierheim adoptiert. Wir haben sie Crackers genannt. Warum wir sie so nannten, weiß ich gar nicht genau. Aber Crackers wurde schnell meine beste Freundin.

Sie liebte es, mit mir im Wald spazieren zu gehen und im See zu schwimmen. Und sie half mir dabei, meine Rinderleber zu essen (igitt!), ohne dass meine Eltern es merkten. Crackers war meine erste Hündin, und ich werde sie nie vergessen.

Heute teile ich mein Leben wunderbarerweise mit drei tollen Hunden: Kona, Bujeau und Cleo. Sie zaubern mir jeden Tag ein Lächeln ins Gesicht und bringen mir etwas Neues bei. In den letzten zwei Jahrzehnten habe ich mein Bestes gegeben, um Menschen über Hunde aufzuklären – beratend rund ums Verhalten von Hunden, als Ausbilderin für Erste Hilfe am Tier, als Moderatorin einer Radiosendung und

als Autorin. Ich bin mir ganz sicher: Ich habe den besten Job der Welt!

Kona steht mir für dieses Buch als hündische Begleiterin zur Seite. Die fröhliche junge Jack-Russell-Terrier-Mischung, die ich aus einem Tierheim in San Diego habe, war für mich Liebe auf den ersten Blick – für sie galt das Gleiche, wie sich schnell herausstellte.

Damals kannte Kona nur ein einziges Kommando: *»Sitz!«*. Inzwischen meistert sie Dutzende Kommandos und Tricks. Sie liebt es zu lernen! Sie ist mittlerweile in Klasse 2 des Obedience-Trainings (das heißt so viel wie *»Gehorsamkeitstraining«*). Bei unseren Besuchen in Schulen, Krankenhäusern und Seniorenzentren genießt sie ihre Rolle als zertifizierte Therapiehündin.

Ihr offizieller Titel ist *»Sicherheitshund Kona«*, aber sie trägt den lustigen Spitznamen *»Eis-Waffelchen«*, weil *»Kona«* vom englischen *»Cone«* für *»Eiswaffel«* kommt. Sie reist mit mir durchs Land, wo wir Erste-Hilfe-Kurse für Hunde geben und Vorträge über das Verhalten von Haustieren halten. Dabei glänzt die ehemalige Tierheimbewohnerin als Hundebotschafterin.

Alle Hunde brauchen und verdienen eine solide Grundlage für ein gutes Training sowie Gelegenheiten zum Erkunden und Spielen mit ihrem Lieblingsmenschen – mit euch! Kona und ich sind hier, um euch das Wissen und die Werkzeuge zu vermitteln, damit ihr zum besten Freund oder zur besten Freundin eures Hundes werden könnt. Dabei ist egal, ob gerade ein Welpe neu bei euch zu Hause angekommen ist, ihr in der Familie schon lange einen Hund habt, oder ob ihr einfach nur Hunde liebt und hofft, eines Tages selbst einen zu haben. Legen wir los mit dem Lernen und den lustigen Aktivitäten!

Pfoten hoch!

Sag was, Kona!

Hi, Kids! Wir wissen doch alle, dass Arden dieses Buch ohne mich gar nicht hätte schreiben können. Guckt deshalb nach meinen Tipps und Kommentaren hier – ich hab jede Menge zu sagen und immer Spaß dabei!

1

DEIN HUND, DEIN FREUND

Dein Leben mit einem Hund zu teilen, ist einfach toll. Ein Hund kann dein bester Freund sein – jemand, der dich liebt, mit dir spielt, dir Gesellschaft leistet und mit dir kuschelt, wenn du traurig bist. Viele Menschen betrachten ihre Haustiere als Familienmitglieder. Bei mir ist es so.

Hunde sind einfach klasse, wenn es darum geht, unser Leben besser zu machen. Sie sind *»grrr«*-oßartige Zuhörer, die immer zu wissen scheinen, wie es uns geht. Sie können vierbeinige Quatschköpfe sein, die alberne Streiche aushecken. Selbst wenn dein Hund den Lieblingspulli zerkaut oder dich ganz früh zum Gassigehen aufweckt, wird er dich immer als die Nummer eins sehen.

Einen Hund zu haben, bedeutet mehr als ihn zu füttern, mit ihm spazieren zu gehen und mit ihm zu schmusen. Sein Verhalten zu verstehen und ihn wie einen Hund zu behandeln, nicht wie einen felligen Menschen oder ein Spielzeug, das du in die Hand nimmst und damit spielen kannst, wann immer du willst, ist wichtig. Euer Hund hat, genau wie du, Gefühle. Er kann sich glücklich und traurig, selbstbewusst und ängstlich fühlen. Da euer Hund – wie alle Hunde – nicht mit guten Manieren oder dem richtigen Training geboren wird, ist er darauf angewiesen, dass du und deine Familie ihm gute Hundegewohnheiten beibringen. Ein wichtiges Geschenk, das du eurem Hund machen kannst, ist ein positives, unterstützendes Training. Mit einem guten Training kannst du euren Hund sicherer machen und das Leben für die ganze Familie einfacher und angenehmer gestalten – vor allem für euren Hund! Mehr über das Training erfährst du in Kapitel 3. Jetzt reden wir erstmal weiter über Hunde.

LASS DEINEN HUND HUND SEIN

Auch wenn du eine tolle Beziehung zu deinem Hund hast, unterscheidet sie sich von der Art und Weise, wie du mit deinen Freundinnen, Freunden oder Geschwistern umgehst.

Hunde haben sich auf den Menschen eingestellt. Schließlich leben sie schon seit Tausenden von Jahren mit uns zusammen! Auch wenn sie sich an das Zusammenleben mit uns auf engem Raum angepasst haben, haben sie tief verwurzelte Bedürfnisse, die wir respektieren müssen. Hier sind einige Dinge, die du beachten solltest, wenn du einen Hund in eurem Rudel hast.

RANGFOLGE IN DER FAMILIE

Denk daran, dass Hunde Rudeltiere sind. Sie wollen ihren Platz in der Familie kennen. So wie du weißt, dass deine Eltern die Anführer in der Familie sind, sollte euer Hund wissen, dass deine Eltern und du ihm immer *»überlegen«* seid. Wenn du die Rolle des wohlwollenden Anführers und Bewahrers aller Leckereien spielst, verdienst du dir den Respekt und die Loyalität deines Hundes.

Euer Hund sollte sich nie als der Platzhirsch bei euch zu Hause sehen. Das verwirrt Hunde und kann zu Problemen führen. Ist ein Hund verwirrt oder verängstigt, weil er nicht weiß, wie er in die Familie passt, kann er zu einem Hund werden, der viel bellt, auf niemanden hört, deine Sachen zerkaut, vor dir wegläuft, Menschen anschnappt oder sogar beißt. Das will niemand! Hunde wollen und verdienen eine Familienstruktur und einen vorhersehbaren Tagesablauf.

Eine Familie ist wie ein Wolfsrudel – jeder muss wissen, wo er oder sie in der Gruppe steht.

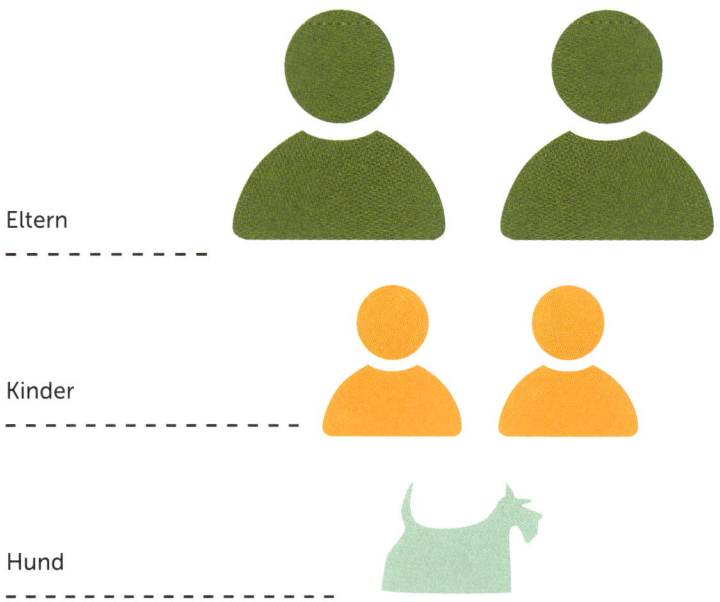

HUNDESPRACHE

Was du zu deinem Hund sagst, ist nicht so entscheidend wie die Art und Weise, *wie* du es sagst. Hunde sind sehr empfänglich für die Gefühle von Menschen. Wenn du einen Hund anschreist, wird er sich wahrscheinlich unterwürfig ducken und zittern. Wenn du einen Hund lobst, wedelt er vor Freude mit dem Schwanz.

Hunde können die Körpersprache und Körperhaltung von Menschen besser deuten als Menschen die Körpersprache von Hunden. Wähle also deine Worte, deinen Tonfall und deine Körpersprache sorgfältig, wenn du mit deinem Hund *»plauderst«*.

WIE EIN HUND DENKEN

Hunde tun ihr Bestes, um unsere Verhaltensweisen zu verstehen und zu interpretieren. Für Menschen ist eine Umarmung ein Zeichen der Zuneigung. Für einen Hund kann eine Umarmung jedoch als Bedrohung empfunden werden, selbst wenn er sie duldet. Für ihn ist ein Kraulen an der Brust oder ein sanftes Streicheln des Rückens willkommener. Um einem Hund auf dem Weg zu einem guten Benehmen zu helfen, ist es wichtig, seine Bedürfnisse zu respektieren und ihn in Ruhe zu lassen, wenn er sich ausruhen will oder wenn er frisst.

Sag was, Kona!

Hunde und Menschen sind seit ewigen Zeiten Freunde! Ganz sicher ist es nicht, aber die Wissenschaft geht davon aus, dass Menschen schon vor über 14 000 Jahren Hunde als Jagdpartner und Hüter an ihrer Seite hatten. Wow! Das ist ganz schön lang, Leute!

Respektiere deinen Hund. Dieser Terrier will ganz eindeutig nicht geküsst werden! (Mehr über Körpersprache erfährst du auf Seite 20.)

TRAINING = MEHR SPASS MIT DEINEM HUND!

So wie du von deinen Eltern gelernt hast, höflich zu sein und andere Menschen nicht zu unterbrechen, im Haus nicht zu schreien und nicht auf die Straße zu rennen, braucht auch dein Hund Hilfe beim Erlernen grundlegender Manieren. Denk an die Vorteile für euch beide. Je besser du dich benimmst, desto eher sind deine Eltern bereit, etwas mit dir zu unternehmen oder dich an lustigen Aktivitäten teilnehmen zu lassen. Das Gleiche gilt für deinen Hund. Ein gut erzogener, sozialisierter Hund ist an vielen Orten willkommen, sei es in hundefreundlichen Hotels und Restaurants, auf Campingplätzen, in Tierhandlungen oder am Strand und in der Stadt.

Am besten fängt das Training schon im Welpenalter an. Aber es ist nie zu spät, einem alten Hund neue Tricks beizubringen!

HUNDEN BEGEGNEN UND SIE BEGRÜSSEN

Sicher kennst du das Alphabet vorwärts und rückwärts, aber kennst du auch das ABC der Hunde? Als hundebegeistertes Kind möchtest du natürlich jeden Hund, den du auf der Straße siehst, begrüßen. Dabei musst du immer aufpassen und sicherstellen, dass der Hund dich auch begrüßen möchte.

HALTE DICH BEI JEDER BEGEGNUNG GENAU AN DIESE DREI REGELN, um dich selbst zu schützen und das Treffen für alle angenehm zu gestalten. (Wie es bei Begegnungen von Hund zu Hund aussieht, erfährst du auf Seite 93.)

Nehmen wir an, ein süßer, angeleinter Hund kommt auf dich zu. Woran solltest du denken?

A = AM ANFANG UM ERLAUBNIS BITTEN. Streichele niemals einen Hund, den du nicht kennst, es sei denn, der Besitzer oder die Besitzerin hat es erlaubt.

B = BESCHNUPPERN LASSEN. Hunde nutzen ihren starken Geruchssinn, um festzustellen, ob die Person vor ihnen Freund oder Feind ist. Balle die Faust und strecke deine Hand so aus, dass der Hund vorkommen und schnuppern kann, statt direkt mit dem Streicheln loszulegen.

C = CHECKE, DASS DU DEN RÜCKEN DES HUNDES VORSICHTIG STREICHELST. Nicht alle Hunde mögen es, wenn man ihnen den Kopf tätschelt; für sie kann das bedrohlich wirken, wenn sie dich nicht kennen. Indem du deine Hand sanft über ihren Rücken gleiten lässt, baust du Vertrauen auf.

DIESER HUND DARF NICHT GESTREICHELT WERDEN

Manche Hunde wollen nicht gestreichelt werden. Sie haben vielleicht Angst vor Fremden oder sind einfach nicht daran interessiert, Freundschaften zu schließen. Geh einfach weiter, wenn ein Hund diese Signale zeigt:

- Er versteckt sich hinter seinem Besitzer, wenn man sich ihm nähert.
- Er stürzt vor oder knurrt.
- Er spannt seinen Körper an.
- Er zieht die Lefzen hoch und zeigt Zähne.

SEI EIN BAUM

Wenn sich dir ein fremder Hund ohne Leine nähert, solltest du nicht schreien oder weglaufen. Manche Hunde könnten dich verfolgen und sogar angreifen. Das liegt daran, dass Hunde Raubtiere sind, die gerne Beute jagen und fangen, die sich bewegt. Sei also keine Beute! Bleib ruhig und still.

Hier ein paar gute Ratschläge von Experten: Sei ein Baum. Warum solltest du dich wie ein Baum verhalten? Ein Baum ist langweilig, weil er einfach nur dasteht. Hunde jagen keine Bäume. Sie jagen Dinge, die sich bewegen, Eichhörnchen etwa. Auch wenn du dich also erschrickst, wenn ein fremder Hund sich dir nähert, tu alles, um »ein Baum zu sein«, indem du diese drei Sicherheitsschritte befolgst:

1. Bleib aufrecht stehen.
2. Verschränke langsam die Arme vor deinem Körper.
3. Halte den Kopf gesenkt und schaue den Hund nicht direkt an.

WAS SOLL DER WUFF?

Hunde geben etwa 15 verschiedene Laute von sich, von denen sich viele nur an Menschen richten. Warum? Weil Hunde schlau sind.

Sie haben herausgefunden, dass Menschen hauptsächlich durch Sprechen kommunizieren und nicht durch das Entschlüsseln von Körperhaltungen. *»Gespräche«* von Hund zu Hund verlaufen in der Regel schweigend, weil Hunde hauptsächlich mit ihrer Körperhaltung reden.

Um ein sinnvolles Gespräch mit deinem Hund zu führen, musst du also nicht nur zuhören, sondern auch hinsehen, um herauszufinden, was er wirklich sagt.

EIN ODER ZWEI BELLER. Wenn dein Hund dich ansieht und nur ein- oder zweimal bellt, versucht er dir zu vermitteln: *»Hey, Freund, wie geht's?«* Das ist ein Hunde-Hallo. Begrüße deinen Hund dann freundlich und fröhlich, damit er weiß, dass du ihm Aufmerksamkeit schenkst. Halt es einfach: Sag *»Hallo«* und den Namen deines Hundes und streichle ihn freundlich.

EINE ABFOLGE VON SCHNELLEN BELLERN. Wenn dein Hund eine Reihe von Bellern ausstößt, die immer schneller und höher zu werden scheinen, kann das ein Warnsignal sein, dass sich ein Mensch oder ein anderer Hund nähert. Vielleicht bellt er auch aus Frust, weil sein Lieblingstennisball unter die Couch gerutscht ist und er Hilfe braucht, um dranzukommen.

Bellt dein Hund im Schnellfeuermodus, schrei ihn nicht an, um ihn zu beruhigen. In der Hundewelt klingt Schreien wie Bellen, und dein Hund wird deine Aufregung wahrscheinlich als Aufforderung verstehen weiterzumachen.

WINSELN. Dieses hohe, klagende Geräusch wird mit geschlossenem Maul erzeugt. Das Winseln eines Hundes kann ein echter Hilferuf sein, etwa wenn dein Hund dich bittet, die Tür zu öffnen, damit er raus kann, um sein Geschäft zu machen. Manchmal winseln Hunde aus Frust oder weil sie vor etwas Angst haben, zum Beispiel beim Warten in der Tierarztpraxis oder wenn sie vor einem Geschäft warten sollen, während du hineingehst. Auch wenn sie Schmerzen haben, winseln Hunde. Schau also nach, ob dein Hund eine Verletzung oder eine empfindliche Stelle hat.

HECHELN. Hunde schwitzen nicht durch die Haut, wie Menschen es tun. Um sich abzukühlen, hecheln sie, indem sie mit offenem Maul schnell atmen. Ein Hund, dem es zu heiß ist oder der viel gespielt hat, hechelt oft heftig. Das ist ein Zeichen dafür, dass es Zeit zum Ausruhen, Abkühlen und etwas Wassertrinken ist.

Manchmal hecheln Hunde auch, wenn sie ängstlich oder verängstigt sind. Gähnen oder Lecken der Lippen ist ein weiteres Anzeichen für Nervosität.

HEULEN. Wie ihre Vorfahren, die Kojoten und Wölfe, heben manche Hunde den Kopf und stoßen eine Reihe langgezogener Töne aus. Einige Rassen, wie Siberian Huskies und Beagles, sind geborene Heuler. Du kannst dir das wie ein hündisches Telefonsystem zur Kommunikation mit weit entfernten Rudelmitgliedern vorstellen.

Hunde haben ein viel besseres Gehör als Menschen. Deshalb heulen manche Hunde, wenn laute, hohe Töne wie Polizeisirenen und Feuerwehrhupen ihre empfindlichen Ohren reizen. Ist dein Hund ein Heuler, dann kannst du ihm beibringen, auf Kommando zu heulen, und andere mit diesem coolen Trick verblüffen.

KNURREN. Dieses tiefe, grollende Geräusch kommt aus der Kehle, begleitet von hochgezogenen Lefzen und gefletschten Zähnen. Es bedeutet *»Bleib weg!«* und ist die Warnung eines Hundes, bevor er zum Angriff übergeht. Nähere dich nie einem knurrenden Hund – er könnte sich auf dich stürzen oder dich sogar beißen. Manche Hunde knurren, um ihr Futter oder ihre Lieblingssachen zu bewachen oder um übermäßig verspielte Welpen oder Kinder zu warnen, damit sie sie in Ruhe lassen.

Einige Rassen sind geborene Heuler.

Sag was, Kona!

Mein Hundekumpel und ich haben jede Menge zu besprechen, machen dabei aber keine Laute. Wir »reden« durch unsere Körperhaltung. Und rate mal! Das tust du auch! Du winkst beispielsweise einem Freund zu, hältst den Zeigefinger vor den Mund, was »Schhhh« bedeutet, oder hüpfst vor Aufregung auf und ab (wie ein glücklicher Hund!). Fallen dir andere Beispiele für Körpersprache ein, die Hunde und Menschen gemeinsam haben?

Leckere Hundekekse

Bei diesem einfachen Rezept kommt euer fleischliebender Hund sicher angerannt und lechzt nach Keksen. Wo steht denn geschrieben, dass Kekse süß sein müssen, um zu schmecken?

FÜR CA. 50 KLEINE KEKSE

250g Weizenvollkornmehl, plus noch etwas zum Bestäuben

2 kleine Gläser Babynahrung auf Rindfleischbasis

6 EL natriumarme Rindfleischsoße

50g Magermilchpulver

120ml Wasser

1 Ei

1 EL brauner Zucker

1 Den Ofen auf 180°C Ober-/Unterhitze vorheizen. Ein Backblech leicht einfetten.

2 Alle Zutaten in einer großen Rührschüssel vermengen.

3 Die Hände mit Mehl bestäuben und den Teig zu einer großen Kugel formen. Die Kugel mit einem bemehlten Nudelholz zu einer Scheibe ausrollen.

4 Den Teig mit Ausstechförmchen zu lustigen Formen ausschneiden.

5 25 Minuten backen, bis die Kekse leicht gebräunt sind. Die Kekse vor dem Servieren abkühlen lassen.

Die Kekse halten sich im Kühlschrank in einem luftdichten Behälter bis zu zwei Wochen. Für einen Hund bis 15 kg Körpergewicht gibt's täglich einen Keks, für einen Hund über 15 kg zwei. In kleine Stücke brechen und als Trainingsleckerli verwenden.

KÖRPERSPRACHE ENTSCHLÜSSELN

Mehr wedeln, weniger reden. So machen es Hunde. Die meiste Zeit »*sprechen*« Hunde lautlos, indem sie ihren Kopf, ihren Körper und ihren Schwanz bewegen. Bellen und andere Laute heben sie sich normalerweise für Menschen auf. Eine Ausnahme ist dabei bemerkenswert: In einem Hundepark veranstaltet ein Rudel freundlicher Hunde beim aufgeregten Miteinanderspielen und Jagen gerne mal ein fröhliches »*Bell-Fest*«!

Wenn du klar und eindeutig mit deinem Hund sprechen willst, musst du herausfinden, was er sagt. Beobachte dafür seinen ganzen Körper, vom Kopf bis zum Schwanz. So bekommst du eine bessere Vorstellung von seiner Stimmung und von dem, was er mitteilen möchte. Achte auf diese einfache »*Wortwahl*«.

HEY, SCHÖN, DICH ZU SEHEN!
Ein Begrüßungshund wedelt entspannt mit dem Schwanz von Seite zu Seite oder im Kreis. Seine Augen sind sanft. Zur Begrüßung kann er mit dem ganzen Körper wackeln oder seinen Körper in einer C-Form krümmen. Er kann Singsang-Laute oder hohes, schnelles Bellen von sich geben oder deine Hand oder Wange mit einem Hundekuss ablecken.

WIE GEHTS? ERZÄHL MAL! Neugierige oder interessierte Hunde neigen den Kopf, wenn du sprichst, so, als ob sie die Worte deutlicher hören wollten. Sie heben den Schwanz und wedeln mit ihm hin und her. Oft spitzen sie die Ohren und entspannen ihren Körper. Manche Hunde tätscheln sogar leicht deinen Arm oder dein Bein, um dir zu zeigen, dass sie mit dir reden möchten.

WILLST DU MIT MIR SPIELEN?

Dein Hund plumpst in einen Spielbogen, wobei er die Vorderbeine auf dem Boden ausstreckt und das Hinterteil in die Luft hält. Sein Maul ist offen und seine Zunge hängt vielleicht heraus, was wie ein Grinsen aussieht. Vielleicht drückt er seine Nase gegen dich oder bringt dir sein Lieblingsspielzeug oder einen Ball.

Manche Hunde heben den Kopf und schnappen wiederholt mit dem Maul zu – das klingt dann wie ein Krokodil! Schau dir den ganzen Hund an: Oft erkennst du, dass der Hund zusätzlich zu diesem Schnappen in der Luft lustige seitliche Tanzbewegungen macht und ein Spielzeug ergreift und es zu dir bringt, um zu zeigen, dass er sich freut und dass jetzt Zeit zum Spielen angesagt ist.

ICH BIN NERVÖS ODER ÄNGSTLICH. Verängstigte oder unsichere Hunde klemmen ihre Schwänze zwischen die Hinterbeine, lecken sich die Lippen, gähnen und gehen in die Hocke, um kleiner zu wirken. Sie können auch die Augen zusammenkneifen oder meiden den direkten Blickkontakt. Oder sie legen die Ohren an.

Manchmal zittern sie oder sind so nervös, dass sie ihre Blasenmuskeln nicht kontrollieren können und ein wenig pinkeln. Manche erstarren scheinbar an Ort und Stelle, andere versuchen verzweifelt, irgendwie der Situation zu entfliehen. Das alles sind Anzeichen dafür, dass sie die weiße Fahne schwenken und sich ergeben.

Versuche nicht, verängstigte Hund durch eine Umarmung oder Streicheln zu trösten, oder in hohen Tönen mit ihnen zu sprechen – das macht sie noch nervöser. Bleib ruhig, sprich ganz normal und bewege dich langsam um den Hund herum. Lass zu, dass er sich dir in seiner Geschwindigkeit annähert, damit er sich sicher fühlen kann.

BLEIB BLOẞ WEG VON MIR!
Ein wütender oder unfreundlicher Hund starrt vielleicht, zeigt einen angespannten Körper, schiebt die Ohren vor oder legt sie an, hebt die Lefzen, um Zähne zu zeigen, oder hält den Schwanz steif in die Luft. Vielleicht stützt er sich auf seine Vorderpfoten und knurrt oder bellt sogar laut. Er signalisiert dir damit, dass du dich nicht nähern sollest.

HUNDE
QUIZ 1

1. Wer hat mehr Geschmacksnerven?

   A. Menschen

   B. Hunde

   C. Katzen

   D. Sie haben alle die gleiche Anzahl von Geschmacksnerven.

2. Welche dieser Rassen kann am höchsten springen?

   A. Jack Russell Terrier

   B. Deutscher Schäferhund

   C. Golden Retriever

   D. Windhund

3. Wie viele Muskeln hat der durchschnittliche Hund in jedem Ohr?

   A. 4

   B. 8

   C. 12

   D. 16

4. Welche dieser Hunderassen hat ihren Ursprung nicht in den Vereinigten Staaten?

   A. Alaskan Malamute

   B. Australischer Schäferhund

   C. Basenji

   D. Ratten-Terrier

Auf Seite 138 findest du die Antworten.

EIN BISSCHEN WAS ÜBER RASSEN

Hunde stehen für Vielfalt! Es gibt sie in allen Formen, Größen, Felltypen und sogar mit speziellen Persönlichkeitsmerkmalen. Schau dir nur den winzigen Chihuahua und den imposanten großen Pyrenäenberghund an. Oder den gelockten portugiesischen Wasserhund, den dickfelligen Siberian Husky und die haarlose Rasse mit dem schwer auszusprechenden Namen: Xoloitzcuintli (Scho-loits-KWINT-lei)!

Sag was, Kona!

Schau hin bei Rassen! Wir Hunde können ganz verschiedene Größen, Fellarten oder Ohrformen haben. Eine Rasse ist eine Art von Hund, die sich über viele Jahre entwickelt hat, um ganz besondere Merkmale oder Charaktereigenschaften aufzuweisen, wie ein dickes Fell zum Wärmen oder kurze, starke Läufe, um Beute auszubuddeln.

Hier ein Wort, dass du dir in dein Hunde-Wörterbuch schreiben kannst: Hunde mit zwei Eltern derselben Rasse werden »reinrassig« genannt. Und wie sieht's bei mir aus? Logo bin ich Fan von einfachen Mischlingen, weil ich selber einer bin!

Der American Kennel Club (AKC, der amerikanische Rassehundeverband) beispielsweise erkennt fast zweihundert Hunderassen an, und die Liste der neu anerkannten Rassen wächst von Jahr zu Jahr. Zusätzlich zu diesen anerkannten Rassen haben Menschen eine Reihe so genannter Designer-Rassen geschaffen – eine Kombination aus zwei verschiedenen Rassen mit dem Ziel, einen Hund zu schaffen, der das Beste beider Rassen in sich vereint.

Wenn man beispielsweise einen Pudel mit einem Schnauzer verpaart, erhält man einen Wurf Schnoodle. Die Nachkommen von Beagle und Mops sind als Puggle bekannt. Und dann gibt es noch die Mischlinge, die eine Kombination aus allen möglichen Rassen sein können. Ihre Herkunft ist meist ein Rätsel, aber sie sind oft großartig.

Bei den reinrassigen Hunden erkennt der AKC sieben Gruppen an, die auf ein bestimmtes Aussehen und bestimmte Wesenszüge und Fähigkeiten gezüchtet wurden.

Jack Russell- und West Highland White Terrier

Cavalier King Charles Spaniel

DIE TERRIER-GRUPPE

Diese Hunde sind bekannt für ihre hohe Energie, ihre Lebhaftigkeit und ihre Entschlossenheit. Sie wurden gezüchtet, um zu jagen, Ungeziefer (sorry, Ratten) zu töten und ihre Familien zu beschützen. Beispiele sind der Cairn Terrier, der West Highland White Terrier (auch bekannt als Westie), der Jack Russell Terrier und der Schottische Terrier.

DIE GRUPPE DER GESELLSCHAFTS- UND BEGLEITHUNDE

Diese Hunde wurden als Schmusetiere und Schoßhunde gezüchtet. Durch ihre geringe Größe sind sie ideal für Wohnungen und kleine Häuser und für Reisen mit ihren Lieblingsmenschen. Aber sie können auch viel Persönlichkeit mitbringen. Beliebte Beispiele sind der Cavalier King Charles Spaniel, der Chihuahua und der Malteser.

DIE ARBEITSGRUPPE

Wie der Name schon sagt, haben diese Hunde eine Aufgabe zu erfüllen. Sie arbeiten oft als Polizeihunde, Such- und Rettungshunde und Bomben- oder Drogenspürhunde. Zu dieser Gruppe gehören so beliebte Rassen wie der Siberian Husky, der Rottweiler und der Deutsche Boxer.

DIE UNSPORTLICHE GRUPPE

Dies ist die vielfältigste Hundegruppe mit verschiedensten Größen, Aussehen und Persönlichkeiten. In dieser Gruppe, zu der der Schipperke, der Pudel und die Bulldogge gehören, lässt sich kaum ein gemeinsamer Wesenszug ausmachen.

Rottweiler

Englische Bulldogge

English Springer Spaniel

DIE SPORTLICHE GRUPPE

Diese Gruppe von Hunden wurde gezüchtet, um echtes oder vorgetäuschtes Wild aller Größen zu finden und zu apportieren. Zu den beliebten sportlichen Rassen gehören der Labrador Retriever, der Golden Retriever und der English Springer Spaniel.

Pudel

DIE JAGDHUNDGRUPPE

Das gemeinsame Stammmerkmal der Hunde dieser Gruppe ist ihre Fähigkeit, einer Spur zu folgen und zu jagen. Die meisten haben einen phänomenalen Geruchssinn für die Spurensuche, während andere sich mehr auf ihr Sehvermögen verlassen. Zu dieser Gruppe gehören die beliebten Windhunde, Bluthunde, Dackel und Beagle.

Bluthund

DIE HÜTEGRUPPE

Diese intelligenten, energiegeladenen Hunde wurden gezüchtet, um die Bewegung von Schafen, Rindern und anderem Vieh auf Bauernhöfen oder Farmen zu kontrollieren. Sie lieben es, eine Aufgabe zu haben, und brauchen in der Regel viel Bewegung. Beispiele hierfür sind der Border Collie, der Deutsche Schäferhund und die zwei Arten des Welsh Corgi.

Border Collies

WISSENSWERTES ÜBER 10 BELIEBTE RASSEN

Einige Hunderassen sind richtig gefragt. 10 der beliebtesten Rassen schauen wir uns genauer an.

Beagle werden mit einer weißen Schwanzspitze gezüchtet. So sieht man sie leichter, wenn sie durchs Gras rennen.

BEAGLE. Die kleinen Jagdhunde haben einen außergewöhnlichen Geruchssinn und jede Menge Energie. Mit ihren Supernasen können Beagles mehr als 50 verschiedene Gerüche unterscheiden. Wenn sie einmal auf einer Fährte sind, kann es schwierig sein, sie zurückzurufen. Ohne Leine sind sie daher nicht zuverlässig, aber zu Hause sind sie freundlich und verspielt.

Beagle

BOXER. Boxer haben ein Clown-Gesicht, einen muskulösen Körper und lieben Aktivität. Sie langweilen sich leicht, also wiederholst du besser nicht ständig denselben Trick. Diese freundlichen Hunde lieben es, hochzuspringen und Menschen mit den Vorderpfoten zu begrüßen. Und ihre Köpfe sehen ein wenig aus wie Boxhandschuhe, daher ihr Name!

Die meisten Boxer lieben, lieben, lieben Kinder.

CHIHUAHUA. Der Chihuahua gilt als die kleinste Rasse der Welt und wiegt im Durchschnitt zwischen 1 und 3 Kilogramm. Er stammt ursprünglich aus Mexiko. Chihuahuas verstecken sich liebend gern unter Decken, Kissen und sogar unter der schmutzigen Wäsche im Wäschekorb.

Chihuahua ist ein Bundesstaat in Mexiko und bedeutet ursprünglich »trockener, sandiger Ort«.

FRANZÖSISCHE BULLDOGGE. Die niedliche, kurzbeinige Rasse mit rundem Körperbau ist super beliebt und für ihre bezaubernden *»Fledermaus«*-Ohren, ihr eingedrücktes Gesicht und ihr Schnarchen bekannt. Dieser freundliche Hund liebt es zu fressen. Gib aber ihrem süßen Blick bloß nicht nach und überfüttere deinen Welpen nicht.

Auch wenn er heute als »Frenchie« bekannt ist, ist ihr Vorfahre die englische Bulldogge.

DEUTSCHER SCHÄFERHUND. Die Hütehundrasse lernt und arbeitet gerne, weshalb Schäferhunde auch gute Polizeihunde sind. Sie sind klug, stark und loyal gegenüber ihren Familien. Diese Rasse verliert viel Fell, daher solltest du deinen Schäferhund mindestens zweimal pro Woche bürsten.

Der Deutsche Schäferhund ist im englischsprachigen Raum auch als Elsässer (Wolfs-)Hund bekannt.

GOLDEN RETRIEVER. Als eine der beliebtesten Rassen sind Golden Retriever freundlich, loyal und intelligent. Ursprünglich wurden sie zum Apportieren von Wasservögeln gezüchtet und sind hervorragende Schwimmer. Golden Retriever haben schon bei amerikanischen Präsidenten im Weißen Haus gelebt.

Den Weltrekord für das lauteste Bellen hält ein Golden Retriever namens Charlie, dessen Bellen lauter war als eine Kettensäge.

LABRADOR RETRIEVER. Die sehr gesellige Rasse liebt Kinder und wird oft als Diensthund sowie als Rettungshund ausgebildet, um vermisste Personen zu finden. Die meisten Labradorhunde lieben das Wasser und eignen sich hervorragend für Hundesportarten wie Flyball, Agility und Rally Obedience.

Labbis gibt es in drei Farben: gelb, schokoladenbraun und schwarz.

PUDEL. Der Pudel wird als Nationalhund Frankreichs bezeichnet, die Rasse stammt aber ursprünglich aus Deutschland und war ein Jagdhund, der Wild aus dem Wasser holte. Sein Name kommt aus dem Altdeutschen und bedeutet so viel wie »planschen«. Das weiche Fell des Pudels verliert nur wenig Haar und es gibt ihn in vier Größen: Toy-, Zwerg-, Klein- und Großpudel.

Pudel sind für ihre Intelligenz und Sportlichkeit bekannt. Sie lernen schnell Tricks und sind oft bei Hundevorführungen dabei.

YORKSHIRE-TERRIER. Ursprünglich stammt der Yorkie aus Yorkshire, England. Es gibt ihn schon seit dem 19. Jahrhundert. Er ist klein, aber groß im Bellen. Bevor er als kuscheliger Schoßhund beliebt wurde, war er ein zäher kleiner Rattenfänger.

Die Rasse hat feines, seidiges Haar, das man für Hunde-Shows lang wachsen lässt.

JACK RUSSELL TERRIER. Der Jack Russell ist bekannt für seine Intelligenz, seine hohe Energie und dafür, schnell zu bellen. Diese unabhängigen Denker sind gerne beschäftigt; sie können bei der Erziehung herausfordernd sein. Jacks sind in der Regel weiß mit braunen oder schwarzen Flecken und können entweder ein glattes oder ein raues Fell haben.

Dieser Hund, der bis zu drei Meter hoch springen kann, liebt Agility und andere Sportarten.

DIY Hundespielzeug zum Selbermachen

Hunde lieben es, zu spielen, und sie verdienen es, ihr eigenes Spielzeug zu haben. Sie brauchen keine Unmengen, mögen aber ein paar zur Auswahl (und um darauf herumzukauen!). Probiere diese einfach herzustellenden Spielzeuge für deinen Hund aus.

RASCHEL-KNISTER-SPIELZEUG

Manche Hunde lieben knisterndes, raschelndes Spielzeug! Steck dafür eine leere Plastikflasche in eine lange Socke oder den abgeschnittenen Ärmel eines alten Fleece-Pullis oder Sweatshirts. Binde die offenen Enden mit einem großen Knoten zusammen.

LECKERLI-PUZZLE-SPIELZEUG

1. Schneide Löcher in eine Küchenrolle; sie sollten etwas größer sein als die Leckerlis.

2. Klappe ein Ende der Rolle zu und fülle Leckerlis ins andere Ende.

3. Klappe das andere Ende zu und lege die Rolle auf den Boden. Wie lange braucht dein Hund, um herauszufinden, wie er die Leckerbissen herausbekommt, wenn er nach dem Spielzeug schnappt?

RÜBER-MIT-DER-SOCKE-ZIEHSPIELZEUG

Mache einen festen Knoten in die Spitze einer langen Socke. Schiebe einen Tennisball bis zum Knoten in die Socke. Knüpfe einen weiteren Knoten über dem Ball und noch einen am offenen Ende der Socke als Griff. Das Ziehspiel kann beginnen!

2

SO SCHAFFST DU EIN GLÜCKLICHES ZUHAUSE

für deinen Hund

Die Grenzen des eigenen Hundes zu kennen, ist genauso wichtig, wie zu wissen, was es bedeutet, sich um ihn zu kümmern. Hunde sehnen sich nach Routinen. Sie tragen zwar keine Uhren, aber sie möchten wissen, wann es Frühstück und Abendessen gibt, wann sie Gassi gehen können und wo sie sich aufhalten sollen, wenn sie allein zu Hause sind. Stell dir vor, wie du dich fühlen würdest, wenn du an jedem Tag der Woche zu einer anderen Zeit zur Schule gehen müsstest oder wenn deine Eltern manchmal einfach vergessen würden, Abendessen zu machen. Nicht schön, oder?

Wenn du deinem Hund einen festen Tagesablauf bietest, bleibt er gesund und entwickelt Vertrauen und Zuneigung. Im Endeffekt hängt es von dir und deiner Familie ab, ob euer Hund glücklich, gut genährt und sicher ist.

MELDE DICH ZUM HUNDEDIENST AN!

Das Leben mit einem Hund ist eine große Verantwortung. Dein Hund ist jeden Tag auf dich angewiesen, wenn es um Futter, Wasser, Bewegung und Aufmerksamkeit geht. Du kannst ihn nicht ignorieren, auch wenn du müde oder faul bist – auch nicht, wenn du krank bist. Du musst darauf achten, was er braucht, und dafür sorgen, dass er glücklich und gesund ist.

Wenn du einen Hund bekommst, solltest du vor dem Einzug des neuen Familienmitglieds gemeinsam in der Familie einen Zeitplan für die tägliche Arbeit mit dem Tier aufstellen. Falls ihr schon einen Hund habt, um den sich aber niemand wirklich kümmert, ist es noch nicht zu spät, die Verantwortung zu übernehmen. Jeder sollte eine Aufgabe übernehmen. Hänge einen Wochen- oder Monatskalender so auf, dass alle ihn sehen können. Streiche jeden Tag die erledigten Aufgaben durch, damit nicht aus Versehen etwas vergessen wird.

In der Tabelle auf der nächsten Seite findest du einen Überblick über die Aufgaben, die bei der Pflege eines Hundes anfallen.

AUFGABENÜBERSICHT

AUFGABE	MONTAG	DIENSTAG	MITTWOCH	DONNERSTAG	FREITAG	SAMSTAG	SONNTAG

Kopiere dir diese Aufgabenübersicht einfach. So kannst du sie immer wieder neu verwenden.

ZEIT FÜRS GASSIGEHEN: Wenn du aufwachst, führe deinen Hund nach draußen, damit er sein Geschäft machen kann. Das ist deine allererste Pflichtübung.

FUTTERZEIT: Miss die morgendliche Portion ab, fordere deinen Hund auf, sich zu setzen, bevor du den Napf abstellst.

WASSER ÜBERPRÜFEN: Schütte das alte Wasser weg, mach die Schüssel sauber und fülle sie auf.

KACK-PATROUILLE: Bewaffne dich mit Kotbeuteln zum täglichen Aufsammeln der Haufen.

SPAZIERGÄNGE: Gehe zweimal am Tag 15 bis 30 Minuten spazieren, damit dein Hund Zeit hat, sein Geschäft zu erledigen und all die aufregenden Sehenswürdigkeiten, Geräusche und Gerüche der Umgebung zu genießen.

TRAININGSZEIT: Plane 10 bis 15 Minuten ein, um ein Kommando, das dein Hund kennt, etwa *»Sitz«* oder *»Platz«*, zu festigen oder einen neuen coolen Trick wie *»Pfötchen«* einzuführen.

ZEIT ZUM KUSCHELN UND SPIELEN: Hol ein Spielzeug heraus, um im Garten zu toben, oder lade deinen Hund beim Fernsehen oder Buchlesen zum Kuscheln ein.

PFLEGE: Je nach Hund muss das Fell täglich, ein paar Mal pro Woche oder wöchentlich gekämmt oder gebürstet werden.

BADEN: Die meisten Hunde müssen nicht regelmäßig gebadet werden, aber wenn dein Hund besonders schmutzig ist oder sich in etwas Stinkigem wälzt, bade ihn mit einem hundegerechten Shampoo.

Sei ein Super-Hundehaufen-Sammler

Das Aufsammeln von Kot ist sicher nicht sonderlich toll, aber die Häufchen-Sammel-Pflichten sind wichtig. Die meisten Hunde erledigen ihr großes Geschäft zwei- bis dreimal am Tag, sodass sich das Zeug wirklich türmen kann. Bleibt der Haufen im Garten liegen, kann er anfangen zu stinken und Fliegen anlocken – doppelt eklig! Auf Gehwegen oder in Wäldern ist er ein öffentliches Ärgernis und eine Gefahr für die Umwelt.

Wenn ihr einen Hund habt, ist es nur fair, dass auch du einen Teil der Drecksarbeit übernimmst. Stelle eine kleine Mülltonne oder einen Eimer mit einer Plastiktüte und einem stabilen Deckel in eine Ecke des Gartens, um den Kot schnell aufzusammeln. Gehe täglich mit einer Schaufel auf Streife und schütte die Haufen in die Tonne. Binde jede Woche den ganzen Beutel zu und entsorge ihn über den Hausmüll.

Nimm auf Spaziergänge immer zusätzliche Kotbeutel mit. Sie sind einfach über die Hand zu ziehen, damit man den Haufen aufsammeln oder aufschaufeln kann, und danach die Tüte umstülpt, damit der Kot drin bleibt. Knoten rein und – schwups – in den Müll. Das ist keine große Sache!

HUNDESICHERE UMGEBUNG

Hunde sind genauso neugierig wie, nun ja, Katzen. Sie lieben es, ihre Umgebung mit ihren kräftigen Nasen, scharfen Augen und sogar ihrem Maul zu erkunden. Es dauert nur eine Sekunde, bis ein Hund einen Schuh zerkaut, einen Mülleimer plündert oder durch eine offene Tür stürmt. Arbeite mit deinen Eltern daran, euer Haus und euren Außenbereich tierschutzgerecht zu gestalten. Geht regelmäßig in jedem Raum auf Streife, um sicherzustellen, dass es nichts gibt, was deinem vierbeinigen Freund schaden könnte.

KÜCHE

- Bewahre Abfälle in einem Behälter mit Deckel auf.
- Lass Lebensmittel nie unbewacht auf der Ablage liegen.
- Bring Hunde raus, wenn mit heißen Töpfen und Pfannen gekocht wird.
- Achte aufs Klauen von Lebensmitteln! Eine Liste von Lebensmitteln, die Hunde nicht fressen sollten, findest du unter *»Frag die Tierärztin«* auf Seite 47.
- Ein Schutzgitter hält deinen Hund je nach Belieben aus der Küche oder in der Küche.

BADEZIMMER

- Mach den Klodeckel zu – die Toilette ist keine Wasserschüssel!
- Bewahre Reinigungs- und Waschmittel außer Reichweite auf.

WOHNZIMMER

- Verstaue freiliegende Kabel.
- Schließe Kamintüren oder stelle einen Sichtschutz auf, damit dein Hund nicht in die Nähe der Flammen kommt.
- Stell das Bett deines Hundes an einen ruhigen, gemütlichen Platz.
- Leg »*zerkaubare*« Gegenstände wie Fernbedienungen und Hausschuhe weg.

SCHLAFZIMMER

- Verstaue Schuhe und Kleidung dort, wo sie hingehören. Viele Welpen und neu adoptierte Hunde kauen auf den Sachen ihres Lieblingsmenschen herum!
- Hebe kleine Gegenstände wie Schmuck, Haarspangen, Gummibänder, Sammelkarten, kleines Spielzeug und Spielfiguren vom Boden auf – alles, was deinen Hund in Versuchung führen könnte.
- Lade elektronische Geräte außerhalb der Reichweite deines Hundes auf, sodass die Kabel nicht sichtbar sind.

Sag was, Kona!

Warum kauen wir Hunde auf Schuhen, Spielzeugen und anderen Lieblingssachen von dir rum? Wenn wir uns langweilen, zu viel Energie haben oder wir uns alleine ängstlich fühlen, dann beruhigt uns das Kauen auf etwas, was nach euch riecht und was wir lieben. Wir wissen, dass dich das ärgert (und ein verschluckter Socke kann uns krank machen), aber wenn das Zeug so in der Gegend rumliegt, können wir oft nicht anders. Aber du kannst uns helfen, indem du die Dreckwäsche wegräumst und Spielzeug einsammelst. Und deine Eltern machst du so auch glücklich! Und gib uns bitte ein robustes, hundesicheres Spielzeug oder einen Knochen, mit dem wir uns beschäftigen können, bis du nach Hause kommst. Im Namen aller Hunde (und Schuhe) danke ich dir.

Giftige Zimmerpflanzen

Diese Zimmerpflanzen bekommen Hunden nicht so gut. Stelle sicher, dass sie außer Reichweite sind.

- Aloe
- Amaryllis
- Sagopalme
- Philodendron und Efeutute
- Gummibaum
- Geldbaum
- Dieffenbachie
- Feder-Spargel
- Bogenhanf
- Efeu

IST EUER GARTEN HUNDEGERECHT?

Wenn ihr einen Garten habt, verbringen du und dein Hund dort sicher viel Zeit mit Spielen. Also sorg dafür, dass er sicher ist.

RICHTE EINEN GESICHERTEN BEREICH EIN. Das Wichtigste ist ein gut eingezäunter Bereich, in dem dein Hund ohne Leine spielen kann. Selbst der liebste, treueste Hund kann sich in einen Zauberkünstler verwandeln und einfach abtauchen. Vergewissere dich, dass das Gatter sicher verriegelt ist, wenn dein Hund im Garten ist.

KONTROLLIERE EUREN GARTEN HÄUFIG. Stell sicher, dass dein Hund nicht unter dem Zaun graben oder ein Gartenmöbel als Sprungbrett benutzen kann, um über den Zaun zu springen und zu entkommen. Lagere Mulch, Dünger und Kompost an Orten, an die dein Hund nicht herankommt.

PFLANZE HUNDESICHERE PFLANZEN. Überprüfe den Garten, um sicherzustellen, dass es darin keine Pflanzen gibt, die für Haustiere giftig sind. Weitere Informationen dazu findest du über den Tierschutzbund (siehe Quellen).

ACHTE AUF DIESE PFLANZEN

Wenn deine Familie draußen im Garten arbeitet, solltest du darauf achten, dass die Pflanzen für eure Haustiere sicher sind. Vielleicht überrascht es dich ja, welche stinknormalen Pflanzen deinen Hund krank machen können, wenn er sie anknabbert.

Azalee und Rhododendron

Krokus, Narzisse und Tulpe – die ganze Pflanze, aber vor allem die Zwiebel

Tollkirsche

Oleander

Hahnenfuß

Eibe

Fingerhut

Stechpalme

DIY

Ein Hundekörbchen zum Selbermachen

Nimm den Reifen nicht aus dem Rennen

Gekaufte Hundebetten sind oft teuer und unpersönlich. Hier und auf der nächsten Seite findest du Ideen zum Selbermachen, bei denen du recycelte Materialien verwendest, um ein kuscheliges, individuelles Bett für deinen Freund zu gestalten.

- ein alter Reifen
- ungiftige Farbe
- ein dickes Kissen oder eine große Decke
- ein Kissenbezug oder ein großes Stück Stoff

1. Schrubbe den Reifen mit Seifenwasser sauber. Spüle ihn ab und lass ihn vollständig trocknen.

2. Streich ihn in deiner Lieblingsfarbe und lass die Farbe trocknen. (Vielleicht brauchst du zwei Anstriche.)

3. Verziere ihn, etwa mit dem Namen deines Hundes.

4. Stopfe das Kissen oder die Decke in den Kissenbezug oder wickele es in den Stoff ein. Passe das Kissen in der Mitte des Reifens so an, dass daraus ein bequemes Bett wird.

DIY

Noch ein Hundekörbchen zum Selbermachen

Einem alten Koffer neues Leben einhauchen

Ein alter Koffer ist das perfekte Bett für ein Schläfchen zu Hause oder auf Reisen mit dem Auto.

- ein fester Koffer, der groß genug ist, damit sich dein Hund darin umdrehen kann
- Dinge zum Verzieren (Stoff oder Filz, Gummiband, Klebstoff oder Heftklammern, Nähzeug)
- ein Kissen, das gut reinpasst
- ein Kissenbezug oder ein Stück Stoff

1. Verziere den Innendeckel des Koffers. Das Modell auf der nächsten Seite hat eine einfache Tasche eingeklebt, in die Spielzeug gepackt werden kann.
2. Packe das Kissen in die größere Seite des Koffers und glätte den Stoff.
3. Damit der Koffer nicht zuklappt, bring entweder ein Holzstück oder einen Gurt an der Rückseite des Koffers an, und zwar mit Spezialkleber.

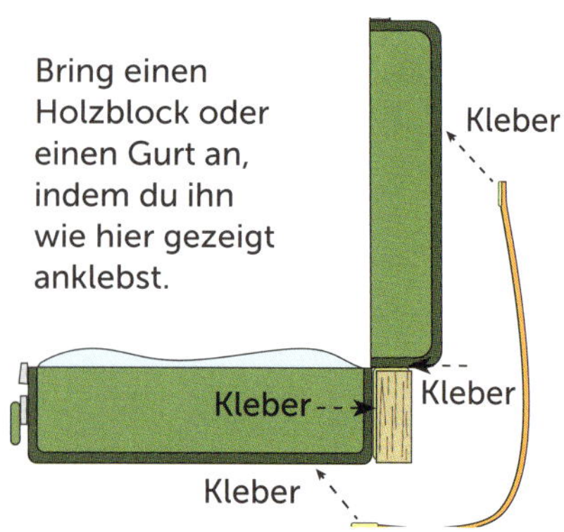

chance

MACH DIE BOX DEINES HUNDES EINFACH NUR GRRR-OSSARTIG!

Ein unbeaufsichtigter Hund kann Unfug anstellen. Er kann zum Beispiel dein Lieblings-T-Shirt zerkauen oder den Mülleimer plündern. Er braucht einen sicheren Ort, an dem er sich entspannen kann, wenn er allein im Haus ist. Hunde brauchen auch einen Ort, an den sie sich zurückziehen können, wenn es Zeit ist, zur Ruhe zu kommen (mehr dazu auf Seite 74). Menschen mögen es nicht, eingesperrt zu sein, aber die meisten Hunde schätzen einen gemütlichen, geschützten Raum. Hier kommt eine Hundebox ins Spiel.

Eine Box muss groß genug sein, damit dein Hund stehen und sich umdrehen kann. Leg den Boden mit einer kuscheligen Unterlage oder einer Decke aus. Um ihm zu zeigen, dass die Box ein willkommener Ort ist, wirf ein Leckerli oder ein Kauspielzeug hinein. Geht er hinein, schließe vorsichtig die Tür der Box und lobe ihn. Ein paar Sekunden später öffnest du die Tür und lässt ihn herauskommen. Steigere die Zeit, die er in der Kiste verbringt, allmählich, damit er begreift, dass dies seine ganz persönliche, wunderbare Hundewohnung ist.

Wenn du deinem Hund beibringst, in seiner Box zu bleiben, versuche ihn dort zu füttern und die Tür zu öffnen, sobald er mit dem Fressen fertig ist. Dies bietet zwei wichtige Vorteile: Du kannst deinen Hund während der Mahlzeit im Auge behalten und verhindern, dass andere Haustiere im Haus ihm das Futter wegnehmen. Indem du eine positive Erfahrung – das Fressen – mit der Box verbindest, wird sie zu einem einladenden Ort.

Benutze die Box niemals zur Bestrafung. Je nach Größe der Box kann dein Hund auf Reisen darin mitfahren und fröhlich im Hotelzimmer abhängen, wenn die Familie ohne ihn unterwegs ist.

Sag was, Kona!

Du magst es überhaupt nicht, wenn deine Geschwister durch deine Sachen gehen? Na ja, du bist so was wie der zweibeinige Bruder oder die Schwester deines Hundes und ich hab eine ganz große Bitte. Bitte, bitte, bitte krabbel nicht in die gemütliche Kuschelbox und quetsch dich auch nicht ins Hundebett dazu. Für dich mag es wie eine coole Burg wirken, aber wie du selbst brauchen auch wir Hunde unseren eigenen Bereich. Unsere Box oder unser Bett sind wie dein Schlafzimmer, wo du dich sicher fühlst beim Schlafen!

FRAG DIE TIER-ÄRZTIN

Ich gebe meiner großen Hündin Dolly unheimlich gern Leckerlis. Wie viele Leckerlis sind für sie zu viel? Ich möchte nicht, dass sie Bauchweh bekommt.

— Ryan, 5 Jahre, Dallas, Texas

Das ist eine gute Frage, denn genau wie du kann Dolly von zu vielen Leckereien Bauchschmerzen bekommen und übergewichtig werden. Hier ist eine Möglichkeit, ihr Leckerlis zu geben: Miss Dollys Tagesration Trockenfutter ab. Gib ihr die Hälfte davon in den Napf, wie du es normalerweise tust, und die andere Hälfte kannst du ihr dann tagsüber als Leckerchen geben.

Gefrorene grüne Bohnen oder Karottenstücke sind ein gesunder Snack, den viele Hunde mögen. Einige besondere Leckereien für Hunde findest du bei den Rezepten auf den Seiten 19, 78, 112, 113 und 114.

Aber Vorsicht: Nicht alle menschlichen Lebensmittel sind für Hunde geeignet. Halte Dolly von zuckerhaltigen Lebensmitteln, Koffein, fettem Fleisch, Zwiebeln, Weintrauben und Rosinen, dunkler Schokolade, Avocados und Macadamianüssen fern.

Das beste Geschenk, das du deinem Hund machen kannst, ist, Zeit mit ihm zu verbringen und ihm viel Liebe zu geben.

— Dr. Liz Bales, Red Lion Veterinary Hospital, New Castle, Delaware

3

ZEIT FÜR DIE SCHULE

Das Hunde-ABC

Hunde und Kinder haben vieles gemeinsam: Sie lieben es zu spielen und freuen sich, mit Freunden und Familienmitgliedern zusammen zu sein. Und wie Kinder brauchen auch Hunde eine Erziehung. Sie gehen nur in unterschiedliche Schulen. Im Fall deines Hundes bist du der Lehrer oder die Lehrerin! Dein Hund ist darauf angewiesen, dass du ihn erfolgreich erziehst. Es ist zwar schön, wenn du mit einem neuen Welpen bei null anfangen kannst, aber man kann auch einem Hund, der schon einige schlechte Angewohnheiten gelernt hat, neue Verhaltensweisen beibringen.

Dein Hund muss und sollte diese grundlegenden Hundekommandos lernen: *Nein, Guck, Aus, Sitz, Bleib, Komm, Bei Fuß* und *Platz*. Mit deiner Hilfe wird dein Hund das Wissen wie ein Schwamm aufsaugen und du kannst seine neuen Fähigkeiten anderen vorführen!

WARUM BRAUCHEN HUNDE GUTE MANIEREN?

Wenn er lernt, wie man sich benimmt, ist dein Hund sicher und es macht mehr Spaß, mit ihm zusammen zu sein. Denk einmal darüber nach: In wie viele Schwierigkeiten kann dein Hund geraten, wenn er ordentlich sitzt? Ganz genau! Ein sitzender Hund springt nicht an Menschen hoch, wenn sie durch die Tür kommen, oder stürmt auf ein kleines Kind zu, das vielleicht Angst vor ihm hat.

Es ist einfacher, deinen Hund zu versorgen, wenn er bei Mahlzeiten ordentlich auf dein Okay-Kommando (siehe Seite 54) wartet. Es macht mehr Spaß, sich für einen Spaziergang fertig zu machen, wenn dein Hund nicht durchdreht und durchs Haus rennt, sondern sich hinsetzt, während du die Leine holst. Wenn du von einem schlammigen Spaziergang nach Hause kommst, wirst du einen Hund mögen, der geduldig dasitzt, während du ihm die Füße mit einem Handtuch abwischst (oder sich sogar auf den Rücken legt – siehe *»Umdrehen«* (*» Belly up«* auf Seite 86).

Ein Hund, der kommt, wenn du ihn rufst, ist ein sicherer Hund: Er wird nicht auf eine befahrene Straße rennen und sich verletzen oder auf einen angeleinten Hund zulaufen und möglicherweise einen Kampf anfangen. Außerdem habt ihr beide mehr Spaß an langen Spaziergängen, wenn dein Hund überall, wo es erlaubt ist, von der Leine gelassen werden kann.

Ein Hund, der sich gut benimmt, kann schöne Ausflüge machen, etwa Freunde besuchen, in Hundeparks spielen und in hundefreundliche Geschäfte und Restaurants gehen. Am Tisch zu betteln mag niedlich erscheinen, ist aber eine schlechte Angewohnheit. Ein Hund, der sich während des Essens ruhig auf seinem Platz niederlässt, steckt seine Nase nicht auf der Suche nach einem Brotkrümel auf den Tisch.

Du kannst stolz sein, wenn dir andere sagen: *»Was für ein toller Hund!«* statt: *»Du musst den Hund erziehen!«*

ÜBE DIE DREI Ks

Beim Trainieren ist es wichtig, die so genannten drei Ks einzuhalten: Du solltest konkret, konsequent und klar sein. Vorhersehbarkeit ist für Hunde wichtig. Sie lesen ständig unsere Körperhaltung und den Tonfall unserer Stimme und versuchen so gut wie möglich zu entschlüsseln, was wir ihnen vermitteln wollen. Wenn du gemischte Signale aussendest, verwirrt das deinen Hund.

1. SEI KONKRET. Hunde verstehen viel von dem, was wir sagen, aber sie sprechen kein Deutsch! Wähle für jedes Verhalten ein Wort, ein konkretes Kommando, und bleib dann dabei. Wenn du sagst: *»Chipper, bitte setz dich! Kannst du dich setzen? Sitz, Mädchen! Setz dich, sitz, los! Hey, ich hab dir gesagt, du sollst sitzen!«*, dann hört Chipper nur *»Bla, bla, bla, bla!«*.

2. SEI KONSEQUENT. Das Trainieren eines Verhaltens erfordert viele Wiederholungen. Dein Hund versteht viel schneller, was du willst, wenn du das gleiche Kommando immer mit der gleichen Handlung verbinden. Eine Möglichkeit, ihm Sitz beizubringen, besteht darin, ein Leckerli vor ihn zu halten und es langsam über seinen Kopf zu heben. Er wird so lange nach oben schauen, bis sein Hintern den Boden berührt.

Belohne deinen Hund dann sofort, indem du *»Prima – sitz!«* sagst und ihm seine Belohnung überreichst. Mach dasselbe jedes Mal, wenn sein Hintern den Boden berührt. Wenn du zu früh *»Sitz«* sagst, etwa wenn er zum ersten Mal den Kopf hebt, um das Leckerli zu sehen, denkt er, dass *»Sitz«* bedeutet: *»Sieh dir das Leckerchen an.«* Wenn er sich nicht sofort hinsetzt, zähl im Kopf bis zehn, um ihm etwas Zeit zu geben, dein Kommando zu verarbeiten. (Weitere Infos findest du auf Seite 60.)

3. SEI KLAR. Wiederhole das Kommando nicht immer wieder, wenn dein Hund nicht sofort tut, was du willst. Wenn dein Hund vor dir wegläuft und du *»Komm, komm, komm, komm«* rufst, während du ihm hinterherläufst, lernt er, dass *»Komm«* bedeutet: *»Ich jag dich – was für ein lustiges Spiel!«* Beim Training musst du oft ein Verhalten in kleinere Teile zerlegen, damit dein Hund weiß, was du willst.

Sag was, Kona!

Wuff! Hallo! Hola! Wusstest du, dass Hunde mehrsprachig sind? Wir sprechen natürlich die Hundesprache, aber wir alle kennen auch menschliche Wörter, und einige von uns können sogar noch mehr. Ich spreche fünf Sprachen: Hund, Englisch, Spanisch, Zeichensprache und ein bisschen Katze.

Nachdem Arden mir *»Sitz«* und *»Komm«* beigebracht hat, fügte sie die spanischen Wörter *»Sentado«* und *»Ven«* zu diesen Kommandos hinzu. Dann kombinierte sie Handzeichen mit diesen Signalen. Wenn wir nun an einem belebten, lauten oder sehr ruhigen Ort sind, kann Arden mit mir sprechen, ohne ein Wort zu sagen. Was Kätzisch betrifft, so weiß ich, dass ich mich meinen Katzenfreunden nähern kann, wenn sie schnurren, und dass ich mich zurückziehen sollte, wenn sie fauchen!

»GUTER HUND!«

Hier ein wichtiger Tipp, damit dein Hund ein Einserschüler wird: Belohne deinen Hund für gutes Verhalten, statt ihn zu bestrafen, wenn er etwas falsch macht. Hunde sind geborene Genießer. Sie leben für unsere Anerkennung. Sie sind motiviert, wenn das Training Spaß macht und wenn der Trainer oder die Trainerin – also du – freundlich und geduldig ist.

Die Tierverhaltensforschung hat bewiesen, dass Hunde am besten mit positiver Bestärkung lernen. Das bedeutet, dass man ihnen das gewünschte Verhalten mit Lob und Leckerlis beibringt, statt sie anzuschreien, wenn sie Fehler machen. Hunde lernen schnell, dass es Belohnungen gibt, wenn sie das Richtige tun. Das führt dazu, dass sie daran arbeiten und herausfinden wollen, wie sie sich Belohnungen verdienen können.

Sag was, Kona!

Hunde sind oft wie Kinder. Ich wette, du gibst auch alles, wenn deine Lehrerinnen und Lehrer dich mit einem *»Gut gemacht«*, *»Du kannst das«* oder *»Versuch das nächste Mal einen Schritt nach dem anderen«* ermutigen.

Es ist viel leichter zuzuhören und das Lernen macht mehr Spaß, wenn die Trainingseinheiten kurz und voll Lob sind. Wenn du dich darauf konzentrierst, das Gute zu verstärken, statt die Fehler zu betonen, dann ist dein Hund viel inspirierter und wild darauf, neue Kommandos und coole Tricks zu lernen.

AUF GEHT'S MIT DER HUNDE-AKADEMIE

Fang an einem ruhigen Ort in deiner Wohnung oder im Garten an, wo ihr beide euch konzentrieren könnt. Während dein Hund immer weiter lernt, suchst du dir neue Orte, an denen es zusätzlich Ablenkungen gibt - dein Hund sollte lernen, wie er sich in allen möglichen Situationen zu verhalten hat.

Trainiere nicht, wenn du in Eile oder ungeduldig bist. Versuch mindestens eine Einheit pro Tag zu schaffen. Wenn du das Training in mehrere, kürzere Lektionen aufteilst, macht es mehr Spaß und ist oft weniger frustrierend für euch beide.

Sei gut drauf und hab reichlich mundgerechte, gesunde Leckerlis dabei, um deinen Hund zu belohnen. Dein Hund ist motivierter, wenn du vor den Mahlzeiten trainierst, da er so ein bisschen hungrig ist.

Unterstütze deinen Hund, indem du »Prima!« rufst, wenn er tut, was du von ihm verlangst. Verbinde dieses Wort mit dem Trainingshinweis, zum Beispiel *»Sitz!«*. Verwende immer eine fröhliche, positive Stimme, damit dein Hund weiß, dass du mit ihm zufrieden bist.

Hör mit einem guten Gefühl auf. Beende also jede Einheit, nachdem dein Hund etwas geschafft hat, statt entmutigt zu sein, wenn du ihm nicht vermitteln konntest, was du wolltest. Wenn du Schwierigkeiten hast, kehr zu einem Kommando zurück, das dein Hund schon kennt, damit du ihn loben kannst. Hunde mögen Frust genauso wenig wie du!

OKAY BEIBRINGEN

Dein Hund braucht eine Art von Signal, das anzeigt, dass der Unterricht vorbei ist und er die Erlaubnis hat, herumzualbern oder zu spielen oder sich irgendwo zu entspannen. Das ist wie ein Daumen hoch oder ein Kopfnicken von einem Lehrer oder einer Trainerin. Für einen Hund spielt das *»Okay«* (sowohl gesprochen als auch als Geste mit der offenen Hand) eine entscheidende Rolle beim Training.

Das »Okay«-Signal ist eine schnelle Methode, um einen Hund, der gehorsam »Sitz«-, »Bleib«- oder »Platz«-Positionen hält, freizulassen. Das Kommando sagt ihm, dass er etwas anderes tun kann, etwa ein Leckerli fressen, das auf den Boden gefallen ist, oder mit einem Spielzeug spielen.

Für Hunde ist es wichtig, dass sie das »Okay«-Signal sowohl hören als auch sehen können.

1 **Die einfachste Geste ist, die Handfläche in Brusthöhe nach oben zu halten.**

2 **Schwenke sie dann seitwärts, während du den Daumen nach oben drehst.** Verwende die Geste konsequent, wenn du das verbale Signal gibst, damit dein Hund sie bald miteinander verbindet.

Sag was, Kona!

In Sachen »Okay« bin ich sowas von okay! Arden hat mir die Geste direkt nach meiner Adoption beigebracht. Wenn wir einen Vortrag über Hundeverhalten geben, weiß ich, dass ich hinten im Saal in »Sitz«-Position warte, während Arden nach vorne geht. Unsere Blicke treffen sich, aber ich weiß, dass ich mich erst bewegen soll, wenn sie »Okay« sagt und ihre offene Hand seitlich bewegt. Die Kinder lieben es, wenn ich dann an ihnen vorbeirenne, um zu ihr zu kommen!

HUNDE QUIZ 2

1. Schnüffelt ein Hund am Hinterteil eines anderen Hundes, dann »lädt« er welche Info über den anderen Hund herunter?

   A. Seine Stimmung

   B. Was er zum Frühstück gegessen hat

   C. Alle gesundheitlichen Probleme

   D. Alle oben genannten Punkte

   E. Keinen der oben genannten Punkte

2. Hunde können in völliger Dunkelheit sehen.

   A. Stimmt

   b. Stimmt nicht

3. Wie viele Geschmacksknospen haben Hunde?

   A. 17

   B. 170

   C. 1.700

4. Wie viele Eier kann ein Flohweibchen an nur einem Tag produzieren?

   A. 15

   B. 25

   C. 50

   D. 65

5. Hunde haben manchmal Schweißfüße.

   A. Stimmt

   B. Stimmt nicht

Auf Seite 138 findest du die Antworten.

NEIN BEIBRINGEN

In der Hundewelt ist »*Nein*« ein Wort, das man lernen muss. Mit dem schnellen Kommando weiß dein Hund, dass er aufhören soll – sofort! »*Nein*« bremst unerwünschtes Verhalten, etwa das Aufsammeln von etwas Ekligem auf dem Gehweg zum Fressen. Dazu brauchst du zwei Arten von Leckerbissen: einen, den dein Hund ganz okay findet, beispielsweise Trockenfutter, und einen, auf den er wirklich abfährt, zum Beispiel ein Stück Hot Dog.

1 **Halte das Leckerli in der offenen Handfläche etwa 15 Zentimeter vom Maul deines Hundes entfernt.**

2 **Wenn er sich nach vorne bewegt, um das Leckerli zu nehmen, balle die Faust und sage entschieden »*Nein*«.**

Wenn dein Hund versucht, mit dem Maul oder der Pfote nach deiner Hand zu schnappen, halte deine Faust geschlossen und warte einfach ab. Hab Geduld. Die meisten Hunde geben nach etwa 10 Sekunden auf.

3 **Öffne deine Hand, um ihm das Leckerli erneut zu zeigen, und schließe deine Hand schnell zur Faust, wenn sich dein Hund in Richtung des Leckerlis bewegt.**

Wiederhole das mehrmals Gib deinem Hund Zeit, um herauszufinden, was passiert und wie er reagieren soll. Manche Hunde lernen schneller als andere.

4 **Sobald dein Hund aufhört, dem Leckerli in deiner Hand hinterherzulaufen,** belohne ihn mit ein paar der besseren Leckerlis aus dem Beutel und markiere die Aktion mit dem Wort »*Okay*«.

GUCK BEIBRINGEN

Bevor man einem Hund etwas beibringen kann, muss man seine Aufmerksamkeit haben. *»Guck«* wird als Trainingszeichen oft übersehen, aber wenn dein Hund dieses Zeichen kennt, unterstützt dich das beim Training. Wann immer du die Aufmerksamkeit deines Hundes für eine neue Trainingseinheit gewinnen möchtest, beginnst du mit dem Kommando *»Guck«*. Dieses Stichwort hilft deinem Hund auch, sich auf dich zu konzentrieren und nicht auf Ablenkungen in deiner Wohnung oder in der Umgebung zu achten, wenn ihr beide unterwegs seid.

1 **Halte ein Leckerli in der Hand, um die Aufmerksamkeit deines Hundes zu erregen.**

Vielleicht musst du es ihm vor die Nase halten, aber die meisten Hunde beobachten dich bereits und sabbern vielleicht sogar erwartungsvoll.

2 **Behalte das Gesicht deines Hundes im Auge und bringe das Leckerli langsam in die Nähe deines Auges, während du »*Guck*« sagst.**

3 **Sobald dein Hund dir in die Augen schaut, sagst du schnell »Prima – guck!« und gibst ihm das Leckerli.**

Wenn er das ein paar Mal hintereinander geschafft hat, lass ihn ein paar Sekunden warten, bevor du ihn belohnst.

Sag was, Kona!

Das ist klasse! Immer wenn Arden sagt: »Kona, *guck*«, schaue ich ihr in die Augen, weil ich weiß, dass ich dann eine leckere Belohnung bekomme. Hier ein paar Insider-Tipps:

- Wenn dein Hund wegschaut, bevor du ihm das Leckerli gibst, zeig es ihm erneut und wiederhole die Schritte.
- Achte immer darauf, dass er dich ansieht, wenn du ihm das Leckerli gibst, damit er versteht, was du willst.
- Übertreib es nicht. Übe ein paar Mal und geh dann zur nächsten Sache über.

SITZ BEIBRINGEN

Wenn ein Hund sitzt, kann er nicht in Schwierigkeiten geraten. Er befindet sich in der geparkten Position. *»Sitz«* ist eines der wichtigsten Kommandos für deinen Hund. Versuche nicht, sein Hinterteil herunterzudrücken – er könnte denken, du wolltest mit ihm spielen, oder er könnte nervös werden und versuchen, sich zu entfernen. (Schau auf Seite 65 nach, warum *Sitz* so wichtig ist.)

1 **Positioniere deinen Hund so, dass er dir zugewandt ist.**

2 **Halte ihm ein Leckerli vor die Nase.**

3 **Sag »*Sitz*«, während du das Leckerli langsam über seinen Kopf hebst.** Lass die Schwerkraft ihre Arbeit tun. Wenn dein Hund seinen Kopf nach oben bewegt, um dem Leckerli zu folgen, sinkt sein Hinterteil auf den Boden.

4 **Sobald er sich hinsetzt,** markiere die Aktion sofort, indem du »*Sitz!*« sagst und das Leckerli überreichst.

Sobald dein Hund auf dein Zeichen hin sofort sitzt, lass ihn einige Sekunden warten, bevor du ihn belohnst.

PLATZ BEIBRINGEN

Wenn dein Hund deinem Kommando »*Sitz*« freudig nachkommt, kannst du ihm das wichtige Kommando »*Platz*« beibringen. Hunde, die sich hinlegen, wenn man sie dazu auffordert, sind an haustierfreundlichen Orten willkommen, weil sie keinen Unfug anstellen. Ein Tipp: Manche Hunde mögen es nicht, ihren Bauch auf eine harte Unterlage zu legen. Unterstütze deinen Hund, indem du deine Trainingseinheiten in einem Raum mit Teppichboden oder auf einem großen Handtuch oder einer Decke abhältst.

1 **Bitte deinen Hund, sich mit dem Gesicht zu dir zu setzen.** Bring ein Leckerli in die Nähe seines Gesichts. Sag »*Platz*« und lass das Leckerli langsam auf den Boden fallen. Während seine Nase dem Leckerli folgt, kann sich dein Hund hinlegen, um es zu erreichen.

Leckerli erst nach unten und dann L-förmig wegbewegen.

2 **Wenn sich dein Hund von selbst hinlegt, sag schnell »*Prima – Platz!*«** und gib ihm das Leckerli, während er noch liegt. Wenn dein Hund aufsteht, fordere ihn auf, sich hinzulegen, und fang von vorne an.

Fehlanzeige! Versuchen wir's noch mal!

3 **Wenn sich dein Hund nicht sofort hinlegt, halte das Leckerli ruhig auf den Boden,** um deinem Hund Zeit zu geben, herauszufinden, dass er sich dafür hinlegen muss.

Lobe deinen Hund, sobald er das tut – und gib ihm natürlich sein Leckerli! Wiederhole diese Schritte mehrmals in einigen kurzen Trainingseinheiten, bis dein Hund konsequent von »*Sitz*« zu »*Platz*« wechselt.

Fast!

4 **Jetzt kannst du Dauer und Entfernung ausbauen.** Wenn dein Hund sich hinlegt, wartest du jedes Mal ein paar Sekunden, bevor du ihm das Leckerli gibst.

Übe dann, ein oder zwei Schritte wegzugehen, bevor du »*Platz*« sagst, während du deine Hand mit dem Leckerli in Richtung Boden bewegst.

Braver Junge!

AUS BEIBRINGEN

Vielleicht findest du es ja süß, wenn ein Welpe oder ein kleiner Hund zur Begrüßung an dir hochspringt. Bei einem großen oder schlammigen Hund ist das weniger lustig. Deine Gäste mögen sicher von deinem Hund begrüßt werden, ohne dabei umgeworfen zu werden. Schrei deinen Hund jedoch nicht an, wenn er das tut, sondern bring ihm etwas anderes bei, zum Beispiel *»Sitz«*. Dazu brauchst du eine lange Leine (mindestens zwei Meter) und jemanden, der dir hilft.

1 **Befestige die Leine am Halsband oder Geschirr deines Hundes.** Stell dich mit der Leine in der Hand hinter deinen Hund.

Lass deine Helferin oder deinen Helfer von vorne an deinen Hund herantreten, ohne sich zu ihm zu bücken oder ihn zu streicheln.

Am besten übst du das mit verschiedenen Personen.

2 **Sobald dein Hund anfängt, an der Person hochzuspringen, sagst du »Aus!« und ziehst die Leine schnell gerade nach unten und zur Seite.**

Ziel ist, deinen Hund daran zu hindern, sich vorwärts und nach oben zu bewegen.

Gründe, deinem Hund das »Einparken« beizubringen

S-i-t-z. Dieses Wort mit vier Buchstaben ist der Schlüssel für die Sicherheit und die Erziehung deines Welpen oder Hundes. Denn wie kann dein Hund Unfug machen, wenn er sitzt? Deinem Hund beizubringen, auf dein Kommando in die Parkposition zu gehen, hat viele Vorteile, zum Beispiel:

- Er begrüßt ordentlich Gäste an der Tür, statt sie anzuspringen.
- Er benimmt sich beim Essen – und wartet, bis sein Teller abgestellt wird.
- Er bleibt sicher liegen, wenn die Autotür geöffnet ist, damit du ihn anleinen kannst, bevor es nach draußen geht.
- Er sitzt ordentlich, wenn du die Leine fürs Gassigehen herausholst, statt durchzudrehen und im Haus herumzurennen.
- Er hält still, damit du seine schlammigen Pfoten säubern kannst, bevor er hereinkommt. (Deine Eltern werden es lieben!)
- Er wird draußen gelobt, weil er so brav ist!

3 **Sobald dein Hund alle vier Pfoten auf dem Boden hat, sagst du ihm, dass er sich setzen soll, und belohnst ihn sofort, wenn er es tut.**

Mit der Zeit lernt dein Hund, dass er keine Aufmerksamkeit von Besucherinnen und Besuchern und keine Leckerlis bekommt, wenn er hochspringt, aber mit Streicheleinheiten und Leckerlis belohnt wird, wenn er sich ordentlich hinsetzt, um Menschen zu begrüßen.

BLEIB BEIBRINGEN

Mit diesem Kommando hältst du deinen Hund davon ab, einen weiteren Schritt zu machen. Das ist besonders wichtig, wenn dein Hund geduldig warten soll, während du etwas anderes tust. Das zu lernen, ist gar nicht so einfach, aber hab Geduld. Beginne mit deinem Hund an der Leine: Bitte ihn, die Position nur ein paar Sekunden zu halten, und steigere dann allmählich die Zeitspanne. Wenn dein Hund gelernt hat, an der Leine zu bleiben, übe eine Weile, ohne die Leine zu halten, und gehe dann dazu über, komplett ohne Leine zu üben.

1 **Leine deine Hündin an, stelle sie an deine Seite und sag »*Sitz*«.**

2 **Wirf ein oder zwei Leckerlis knapp außerhalb ihrer Reichweite vor sie hin. Sag »*Bleib*«.**

Sag was, Kona!

Als ich gelernt hatte, was »Bleib« bedeutet, hat Arden eine Geste zu meinem Wortschatz hinzugefügt. Die hat sie mir beigebracht, indem sie während des Kommandos die Hand nach oben gehalten hat, und zwar mit der Handfläche zu mir, wie ein Polizist, der Leute stoppt. Ich hab gar nicht lange gebraucht, um das Bild zu verstehen!

3 **Wenn deine Hündin in Richtung des Leckerlis zieht, sag nichts.** Halte ruhig die Leine fest, damit sich deine Hündin nicht vorwärts bewegen kann. Warte, bis sie aufhört zu ziehen und an ihrem Platz bleibt.

4 **Sobald deine Hündin ihre Position für ein paar Sekunden hält,** sagst du »*Prima – bleib*« und dann »*Okay*«, während du die Leine lockerst, damit deine Hündin das Leckerli bekommt.

(AUF DER NÄCHSTEN SEITE GEHT'S WEITER.)

5 **Wenn deine Hündin bleibt, während sie ein Leckerli vor sich beäugt,** halte die Leine, während du *»Bleib«* sagst und wirf deiner Hündin das Leckerli etwa einen Meter vor die Nase.

6 **Wenn sie aufhört, nach dem Leckerli zu ziehen,** sag *»Prima – bleib«*, dann *»Okay«*, während du die Leine lockerst, sodass sich deine Hündin ihre Belohnung holen kann. Wenn sie *»Sitz«* und *»Platz«* gelernt hat, übe *»Platz«* aus der Sitzposition.

FRAG DIE TIER-ÄRZTIN

Warum hecheln Hunde?

— Sadie, 7 Jahre, Chicago, Illinois

Hast du schon einmal einen verschwitzten Hund gesehen? Ich wette, nein! Das liegt daran, dass Hunde nicht wie Menschen schwitzen. Hunde schwitzen zwar ein wenig an ihren Pfoten, aber das reicht nicht aus, um sie bei heißem Wetter abzukühlen. Hunde kühlen sich ab, indem sie kühlere Luft einatmen und hecheln, um die wärmere Luft aus ihrem Körper rauszulassen.

Ob du's glaubst oder nicht, das Hecheln ist auch eine Art des Miteinander-Redens. Selbst bei kühlem Wetter können Hunde hecheln, um anderen Hunden mitzuteilen, dass sie nervös sind. Hunde hecheln auch, wenn sie sehr aufgeregt sind oder wenn sie sich besonders freuen.

Wenn ein Hund zu sehr hechelt, kann das daran liegen, dass er sich nicht wohlfühlt. Meistens hecheln Hunde aber nur, um sich zu beruhigen.

— Dr. Lisa Lippman, Tierärztin für Hausbesuche, New York

KOMM BEIBRINGEN

Auf Zuruf zu kommen, ist eine wichtige Lektion, falls dein Hund gerne ohne Leine spielt. Ein Hund, der überall herumläuft und dich nicht beachtet, gerät leicht in Schwierigkeiten oder verletzt sich. Im Sinne der Gehorsamkeit ist ein Hund, der einen *»guten Rückruf«* hat, ein Hund, der auf Kommando kommt.

Dieses Kommando musst du schrittweise trainieren. Beginne in einem ruhigen, begrenzten Bereich und gehe langsam zu größeren Räumen mit mehr Ablenkungen über. Fang deine Trainingseinheiten mit einer 4 bis 6 Meter langen Leine an, die sicher am Halsband oder Geschirr deines Hundes befestigt werden kann. Arbeite daran, den Rückruf ohne Leine in einem begrenzten Bereich zu verfeinern, bis du sicher bist, dass dein Hund auf Zuruf zurückkommt.

Sag was, Kona!

Das Komm-Kommando ist richtig schwierig, vor allem für einen Hund, der sich leicht von interessanten Dingen und Gerüchen ablenken lässt – und das sind wir so gut wie alle! Ich rate dir, zu üben, zu üben, zu üben und diese Tipps im Hinterkopf zu behalten:

- Du kannst das Kommando prima verstärken, wenn du deinen Hund rufst, ihn belohnst und dann weiterlaufen lässt, damit er noch etwas Spaß hat.
- Für deinen Hund sollte es sich immer lohnen, zu dir zurückzukommen, und wenn er einfach nur mit Lob überhäuft wird.
- Auch wenn dein Hund weggelaufen ist oder dich ignoriert hat, lobe ihn, wenn er zu dir kommt. Wenn du schreist, denkt er, dass er in Schwierigkeiten ist, weil er zu dir kommt, und nicht wegen des Weglaufens oder Ignorierens.

1 **Fordere deinen Hund zu »*Sitz*« und »*Platz*« auf, während er dir zugewandt ist.** Geh langsam etwa einen Meter rückwärts von ihm weg, während du die Leine festhältst.

2 **Sag mit begeisterter Stimme den Namen deines Hundes und »*Komm*«!** Beug dich vor, um deinen Hund zu ermutigen, aber wiederhole das Kommando nicht.

3 **Wenn dich dein Hund erreicht, sag »*Prima – komm*« und gib ihm sein Leckerli.** Übe in kurzen Einheiten, bis dein Hund versteht, dass »*Komm*« bedeutet, direkt zu dir zu kommen.

4 **Sobald dein Hund konsequent aus der Ruheposition kommt, übe, ihn aus größerer Entfernung zu rufen.**

Der nächste Schritt ist, ihn an der Leine von dir weglaufen zu lassen, bevor du ihn rufst. Wenn er nicht aufpasst, ziehst du beim Rufen leicht an der Leine.

Schließlich kannst du die Leine fallen lassen, während dein Hund sie zieht (sodass du sie bei Bedarf greifen kannst). Dann kannst du mit dem Üben ohne Leine weitermachen.

ENTSPANNT LAUFEN BEIBRINGEN (BEI FUSS)

Auf keinen Fall willst du, dass dein Hund an der Leine reißt oder sich weigert, sich zu bewegen. DU gehst mit deinem Hund spazieren, nicht andersherum! *»Bei Fuß«* ist ein altmodischer, aber nach wie vor üblicher Begriff, den Jäger verwendeten, um ihre Jagdhunde dicht an ihrer Seite zu halten. Eine höflichere und modernere Bezeichnung für einen Hund, der an lockerer Leine neben dir herläuft, ist *»Walk nicely«*.

Beginne mit dem Training an einem vertrauten Ort mit wenig Ablenkung, zum Beispiel in deinem Garten oder auf dem Gehweg in der Nähe deines Hauses. Sobald dein Hund in der Nähe deines Hauses gut läuft, versuche, ihn zu einer ruhigen Tageszeit auf anderen Straßen zu führen. Schließlich kannst du auch an Orten mit mehr Ablenkung üben.

1 **Lass deine Hündin zunächst an einer lockeren Leine laufen.** Wenn sie zu ziehen beginnt, halte an und warte, bis sie zu dir zurückschaut. Sag »*Prima – guck*« und gib ihr ein kleines Leckerli.

Dein Ziel ist es, ihr zu vermitteln, dass es wichtiger ist, sich auf dich zu konzentrieren als auf ein herumspringendes Eichhörnchen.

2 **Als Nächstes fügst du das Kommando »*Bei Fuß*« hinzu, sobald du das erste Mal losgehst.** Halte ihr beim Gehen ein Leckerli direkt vor die Nase, damit sie an deiner Seite bleibt.

Klickertraining ist cool!

Deinem Hund grundlegende Kommandos und coole Tricks mit dem Klickertraining beizubringen, macht richtig Spaß. Ein Klicker ist ein Metallgerät, das du in der Hand hältst und das einen unverwechselbaren Ton von sich gibt, wenn du es drückst. Der erste Schritt besteht darin, deinem Hund beizubringen, dass das Geräusch des Klickers bedeutet, dass er ein Leckerli bekommt. Die meisten Hunde lernen das ziemlich schnell!

Der nächste Schritt besteht darin, den Klicker immer dann zu drücken, wenn dein Hund etwas tut, was du von ihm erwartest, zum Beispiel mit der Pfote winken oder auf einer Matte bleiben. Das klickende Geräusch »markiert das Verhalten« und lässt deinen Hund wissen, dass er etwas richtig gemacht hat und eine Belohnung erhalten wird.

Das Schöne am Klickertraining ist, dass du damit das Verhalten deines Hundes beeinflusst und ganz bestimmte Tricks trainieren kannst. Und du gewöhnst dir an, darauf zu achten, was dein Hund tut, damit du ihn belohnen kannst.

Wenn du keinen Klicker hast, macht das auch nichts. Du kannst ein schnalzendes Geräusch mit der Zunge am Gaumen erzeugen oder mit einem Kugelschreiber klicken.

Der Schlüssel zum Klickertraining ist das Timing. Du musst das Leckerli ausgeben, sobald dein Hund die gewünschte Aktion ausführt. Aber keine Sorge – in Obedience-Kursen lernen Kinder den Umgang mit dem Klicker oft schneller als Erwachsene!

3 Sobald deine Hündin ein paar Schritte neben – nicht vor – dir gelaufen ist, sagst du »*Prima*« und gibst ihr das Leckerli.

Erhöhe langsam die Anzahl der Schritte zwischen den Belohnungen.

Wenn deine Hündin zu ziehen beginnt, halte einfach an und warte, bis sie merkt, dass du nirgendwo hingehst, solange sie nicht neben dir läuft.

RUHE/LIEG/ABLEGEN BEIBRINGEN

Dieses Kommando zeigt deinem Hund, dass es Zeit ist, sich auf seinen Platz zu legen und zu entspannen. *»Ruhe«*, *»Lieg«* und *»Ablegen«* sind die üblichen Wörter dafür. Entscheide dich für ein Kommando und bleib dabei. Wenn wir auf Reisen sind und Unterricht geben, weiß Kona, dass *»Ablegen«* bedeutet, dass sie sich entspannen darf und nicht länger im Dienst ist. Dieses Verhalten ist eine Kombination aus *»Platz«* und *»Bleib«*. Vergewissere dich also, dass dein Hund beide Kommandos kennt, bevor du ein neues Verhalten trainierst.

1 Übe in der Nähe des Bettes deiner Hündin oder einer auf dem Boden gefalteten Lieblingsdecke.

Stell dich 2 oder 3 Meter vom Bett entfernt hin, während deine Hündin neben dir sitzt. Wirf ihr ein Leckerli aufs Bett. Sag *»Ablegen«*, während du aufs Bett zeigst, und ermutige sie so, zum Bett zu gehen.

2 Lasse deine Hündin das Leckerli fressen und sag dann *»Platz«*, damit sie sich aufs Bett legt. Sag nach ein paar Sekunden *»Prima – Platz«* und gib ihr dabei ein weiteres Leckerli, um die gewünschte Aktion zu bestätigen.

3 **Übe so lange, bis deine Hündin das geworfene Leckerli mit dem Zeigen auf das Bett verbindet.** Höre dann auf, das Leckerli zu werfen, wenn du auf das Bett zeigst, und warte, bis sie sich hingelegt hat, ehe du sie belohnst.

Sobald deine Hündin das konsequent tut, kannst du ihr sagen, dass sie bleiben soll, sobald sie sich hinlegt. Verlängere allmählich die Zeit, in der du erwartest, dass sie auf dem Bett bleibt, bevor du sie belohnst.

4 **Jetzt kannst du das Kommando erweitern,** indem du auf eine andere Stelle zeigst, an die sich deine Hündin hinlegen und bleiben soll.

Wiederhole die Schritte von oben, um zu verdeutlichen, dass deine zeigende Hand zusammen mit dem Wort »*Ablegen*« anzeigt, wo sie sich hinlegen soll.

MELDE DICH ZUM OBEDIENCE-KURS AN

Mit der Teilnahme an einem Obedience-Kurs, der von einem professionellen Trainer oder einer Trainerin geleitet wird, und bei dem positive Verstärkung eingesetzt wird, kannst du die Bindung zu deinem Hund stärken.

In diesen Kursen lernen du und dein Hund neue Hunde, Menschen und Orte kennen – alles Pluspunkte für eine gute Sozialisierung deines Hundes. Der Trainer oder die Trainerin gibt dir eine individuelle, schrittweise Anleitung, wie du deinem Hund die wichtigsten Hundekommandos beibringen kannst.

Bei diesen Kursen musst du mit Hausaufgaben rechnen. Aber das sind Hausaufgaben, die Spaß machen und die du mit deinem Hund nach der Schule und an den Wochenenden erledigen kannst. Wenn du die folgenden Tipps beherzigst, schaffen du und dein Hund das sicher:

SEI FRÜH DA, damit dein Hund das Gelände beschnuppern und sein Geschäft machen kann, bevor der Unterricht beginnt.

NIMM EINEN LECKERLI-BEUTEL MIT. Fülle ihn mit mundgerechten Leckerlis und befestige ihn um deine Taille, damit du schnell rankommst.

SEI GANZ BEI DER SACHE. Ärgere dich nicht, wenn dein Hund ein Kommando verpasst oder von einem anderen Hund abgelenkt wird. Hör auf den Trainer oder die Trainerin und konzentriere dich auf das Jetzt.

RESPEKTIERE DIE GRENZEN der anderen Hundeschüler. Genau wie bei Menschen gibt es auch bei Hunden ein breites Spektrum an Persönlichkeiten. Manche sind freundlich, manche schüchtern, manche herrisch und manche leicht erregbar. Frag, ob es in Ordnung ist, einen anderen Hund zu streicheln, oder ob dein Hund nach Freunden schauen darf.

MACH PAUSE IN DEN SOZIALEN MEDIEN. Poste Updates auf Facebook, Twitter, Instagram und anderen Plattformen erst nach dem Unterricht. Dein Hund (und die Ausbilderin oder der Ausbilder) brauchen deine Aufmerksamkeit.

Ist dein Hund ein hündisches Genie?

Hast du einen vierbeinigen Einstein? Oder ist dein Hundekumpel ein glücklicher Durchschnittsstudent? Natürlich liebst du deinen Hund, egal, wie klug er ist, aber hier ist eine lustige Methode, die Intelligenz deines Hundes zu testen. Du brauchst eine 12er-Muffin-Backform, eine Handvoll Leckerlis und 12 Tennisbälle.

1. Setz deinen Hund mit dem Muffinblech vor sich hin.
2. Lass ihn zusehen, wie du ein Leckerli in sechs oder sieben der Muffinförmchen legst.
3. Deck jedes der Förmchen mit einem Tennisball ab, um die Leckerlis zu verstecken.
4. Sag deinem Hund: »*Okay, such die Leckerlis!*« Zähle, wie lange er braucht, um die Tennisbälle aus den Löchern mit den Leckerlis herauszufischen.

Knusprige Knuffi-Küchlis

Diese hundefreundliche Version des Karottenkuchens ist für die meisten Kinder wahrscheinlich nicht süß genug, aber Hunde verschlingen sie, mit und ohne »Zuckerguss«.

ERGIBT 12 MUFFINS

120ml Wasser
1 große Karotte, geraspelt
1 Ei
½ TL Vanilleextrakt
1 EL Honig
1 große reife Banane, zerdrückt
200g Weizenvollkornmehl
½ TL Backpulver
½ TL gemahlene Muskatnuss
½ TL gemahlener Zimt

1 Den Ofen auf 180°C Ober-/Unterhitze vorheizen. Ein Muffinblech mit 12 Mulden mit Kochspray einsprühen.

2 Wasser, Karotte, Ei, Vanille und Honig in einer großen Rührschüssel verrühren. Die Banane unterrühren.

3 Mehl, Backpulver, Muskatnuss und Zimt in einer separaten Schüssel mischen.

4 Die Mehlmischung zur Karottenmischung geben und gründlich vermengen.

5 Jede Mulde des vorbereiteten Blechs etwa zu drei Vierteln füllen. 50 bis 60 Minuten backen (oder prüfen, ob ein Zahnstocher, den man in den Teig eines Muffins steckt, sauber herauskommt).

6 Aus dem Ofen holen und vor dem Servieren abkühlen lassen. Als besonderen Leckerbissen kannst du sie mit der »Wuff-Wuff-Brownie-Glasur« verzieren, die du auf Seite 113 findest.

Eine Portion entspricht 1/2 Muffin für Hunde unter 15 Kilogramm; 1 Muffin entsprechend für Hunde über 15 Kilogramm.

TRICKS FÜR LECKERBISSEN!

Sobald deine Hündin die Grundbegriffe des Gehorsams beherrscht, kannst du mit der Arbeit an allen möglichen coolen Tricks beginnen. Je mehr sie weiß, desto mehr wird sie lernen wollen! Du kannst ihr so viel beibringen, wie du willst. Nimm dir jeden Tag ein paar Minuten Zeit dafür.

Auf den nächsten Seiten findest du Schritt-für-Schritt-Anleitungen, wie du deiner Hündin ein paar *»knochenharte«*, publikumswirksame Tricks beibringen kannst.

Sag was, Kona!

Hier ein kleiner Einblick ins Hundeleben: Wir leben in der Gegenwart. Wir denken null über die Vergangenheit nach, und wir denken schon gar nicht an die Zukunft. Wir Hunde sind auch »grrrr«-oßartig im Vergeben und Vergessen – und wir tun unser Bestes, um dir zu helfen, im Moment zu leben, besonders wenn du mit uns abhängst!

HIGH FIVE BEIBRINGEN

Hier ist eine lustige Methode, mit der du deinem Hund beibringen kannst, deine Freunde zu grüßen. Sie beginnt mit dem grundlegenden Pfötchen-Geben und schließt ein publikumswirksames Winken an. Zuerst gilt es *»Pfötchen«* zu meistern.

1 **Lass deinen Hund mit dem Gesicht zu dir sitzen.** Knie dich hin und hebe seine rechte Vorderpfote mit deiner linken Hand in die Luft. Während du seine Pfote anhebst, sag *»Pfötchen«* und gib ihm ein Leckerli. Wiederhole das ein paar Mal.

2 **Nimm als Nächstes ein Leckerli in deine linke Hand.** Bewege deine Hand langsam in Richtung der rechten Vorderpfote deines Hundes, ohne ihn zu berühren. Halte an und warte, bis er seine Pfote vom Boden hebt. (Wenn er nur am Leckerli schnuppert, warte geduldig, bis er merkt, dass du willst, dass er seine Pfote hebt.)

3 **Nimm schnell seine Pfote in die rechte Hand und sag *»Prima – Pfötchen«*, während du ihm das Leckerli gibst.** Wenn nötig, geh zurück zu Schritt 1. Belohne und lobe deinen Hund jedes Mal, wenn er seine Pfote hebt, damit du sie nehmen kannst.

WINKEN BEIBRINGEN

Sobald dein Hund seine Pfote regelmäßig hebt, kannst du einige bezaubernde Pfoten-Moves hinzufügen.

1 **Statt seine Pfote zu nehmen, sag »Winken« und bewege das Leckerli langsam von einer Seite zur anderen,** um deinen Hund zu ermutigen, das Leckerli mit seiner Pfote zu berühren.

2 **Wenn er seine Pfote auch nur ein bisschen hebt, sag »Prima – winken« und gib ihm sein Leckerli.** Lobe deinen Hund immer wieder und gib ihm Leckerlis, wenn er merkt, dass du willst, dass er seine Pfote hin- und herbewegt.

3 **Nach einiger Zeit kannst du ihn nach mehreren Winkern belohnen.** Erwarte aber nicht, dass er mehr als ein paar auf einmal macht.

SLALOM DURCH DIE BEINE BEIBRINGEN

Verhält sich dein Hund wie dein Schatten und bleibt immer in deiner Nähe, könnte er ein prima Kandidat fürs Slalomlaufen durch deine Beine sein. Dabei lernt dein Hund eine Acht durch deine Beine zu laufen. Wie bei jeder Ausbildung geht man auch hier Schritt für Schritt vor!

1 **Fordere deine Hündin mit »Sitz« auf, sich zu dir zu setzen.** Stell dich aufrecht und mit weit gespreizten Beinen hin.

2 **Halte ein Leckerli in der linken Hand und stecke die Hand hinter dein linkes Bein, sodass deine Hündin das Leckerli sehen kann.**

Sage »*Zickzack*«, während du sie aufforderst, durch deine Beine nach dem Leckerli zu greifen.

3 **Wenn deine Hündin ihren Kopf durch deine Beine steckt, sag *»Prima – Zickzack«* und belohne sie.** Übe zunächst nur, dass deine Hündin dem Leckerli durch deine Beine folgt. Bleib dabei spielerisch und mit Spaß bei der Sache.

4 **Sobald sie weiß, dass sie deiner Hand folgen soll,** positioniere deine Hündin so, dass sie an deiner rechten Seite sitzt und zu dir aufschaut. Halte ein Leckerli in deiner linken Hand.

5 **Mache mit dem linken Bein einen großen Schritt nach vorne und lasse die linke Hand unter das ausgestreckte Bein sinken,** um deine Hündin dazu zu bringen, den Kopf durch deine Beine zu stecken. Wenn sie zunächst nicht versteht, was du willst, halte das Leckerli näher und entferne es langsam von ihr.

(AUF DER NÄCHSTEN SEITE GEHT'S WEITER.)

6 **Locke sie, indem du mit der Hand nach vorne gehst, und deine Hündin mit ihrem ganzen Körper folgt.** Sobald sie durch deine Beine hindurch ist, sagst du »*Prima – Zickzack*« und gibst ihr das Leckerli.

7 **Bewege dich langsam und wiederhole die Aktion mit dem rechten Bein,** während du ein Leckerli in der rechten Hand hältst. Halte das Leckerli immer in der Hand, die dem Bein entspricht, mit dem du vorwärts gehst, und belohne deine Hündin bei jedem Schritt. Wenn sie lernt, was du willst, kannst du sie alle paar Schritte belohnen.

8 **Sobald deine Hündin sich zwischen deinen Beinen hindurchschlängelt,** kannst du das Tempo erhöhen und die Bewegung schön gleichmäßig gestalten. Mit dem Leckerli in der sich bewegenden Hand fühlst du dich vielleicht wie ein Orchesterdirigent, aber es lohnt sich – dieser Trick macht wirklich Spaß!

FRAG DEN TIERARZT

Warum sind Hunde so verspielt?

— Reagan, 8 Jahre, Seattle, Washington

Hunde lieben es, sich zu amüsieren! Dieses Verhalten lässt sich auf ihre Vorfahren, die Wölfe, zurückführen, genauer gesagt, auf die Wolfswelpen. Wolfswelpen lieben das Spielen! Auf diese Weise lernen sie zu jagen. Hundespiele ahmen oft Aspekte der Wolfsjagd nach, etwa das Anpirschen an ein Spielzeug, bevor sie sich darauf stürzen und es an sich reißen. Oder sie jagen aufgeregt einem geworfenen Ball hinterher, der wie eine sich bewegende Beute aussieht.

Je nachdem, wofür sie gezüchtet wurden, mögen Hunde bestimmte Spielzeuge oder Spielarten. Ein Border Collie zum Beispiel ist eher ein visueller Spieler und verfolgt sehr gerne die Bewegung eines Spielzeugs. Ein Beagle hingegen verlässt sich auf seinen starken Geruchssinn. Er ist vielleicht mehr an Spielen interessiert, bei denen es darum geht, versteckte Gegenstände aufzuspüren, zum Beispiel eine deiner Socken oder einen im Gras versteckten Tennisball.

— Dr. Marty Becker, Amerikas Familientierarzt, Bonner's Ferry, Idaho

AUF DEN RÜCKEN LEGEN BEIBRINGEN

Fühlt sich dein Hund auch auf dem Rücken wohl und lässt sich den Bauch kraulen, und hört er konsequent auf *»Platz«*, dann kannst du das Kommando für *»Umdrehen«* üben, oder wie ich zu Kona sage: *»Belly up!«*, *»Bauch nach oben!«*

1 **Lege deinen Hund mit dem Gesicht zu dir hin.** Knie dich vor ihn und halte ein Leckerli in deiner geschlossenen Hand auf eine Seite des Kopfes deines Hundes.

2 **Bewege das Leckerli langsam zurück in Richtung seiner Schulter, während du *»Umdrehen«* sagst.** Wenn er dem Leckerli mit der Nase folgt, sollte sich dein Hund auf die Seite drehen. Lobe ihn und gib ihm das Leckerli.

3 **Sobald er sich konsequent auf die Seite dreht,** bewege die Hand, die das Leckerli hält, über seine Schulter auf die andere Seite seines Körpers.

Er muss sich umdrehen, um dem Leckerli mit der Nase folgen zu können. Am Anfang musst du ihm vielleicht behutsam helfen, sich komplett umzudrehen.

4 **Sobald sich dein Hund umdreht, markiere die Aktion, indem du »*Prima – umdrehen*« sagst und ihm ein Leckerli gibst.**

Wenn er weiß, dass er sich umdrehen soll, sobald du »*Umdrehen*« sagst, kannst du das verbale Kommando mit einem Handzeichen deiner ausgestreckten Hand verbinden – mach einen Kreis in der Luft, sodass sich dein Hund auf den Rücken dreht, ohne dass du ein Wort sagen musst.

DIY

Verzierte Halsbänder zum Selbermachen

(nur für besondere Anlässe)

Klebe ein paar Klemmbausteine oder kleine Spielfiguren auf (am besten mit Heißkleber).

Schneide die Enden eines Stoffgürtels, einer alten Krawatte oder eines anderen Stoffschlauchs ab. Ziehe ihn über das Halsband und knittere ihn zusammen.

Schneide eine alte Krawatte in zwei Hälften, schiebe das Halsband in das dünnere Ende und mache einen Knoten in das breitere Ende, damit es herunterhängt.

Nähe oder klebe ein Sortiment von Knöpfen, Perlen oder anderen Kugeln an.

Füge ein paar Pompons oder eine große Fliege hinzu. (Dieses Halsband ist ein alter Gürtel, der auf die richtige Größe beschnitten wurde.)

1. Warum vergraben manche Hunde Leckerlis und Spielzeug im Garten oder unter den Sofakissen?

   A. Sie bunkern zusätzliche Dinge »für schlechte Zeiten«.

   B. Sie mögen den altmodischen Geruch von Leckerlis, die im Boden vergraben sind.

   C. Sie wollen ihre Leckereien nicht mit anderen teilen.

   D. Alle oben genannten Punkte

2. Welche der folgenden Situationen ist *kein* Grund für Hunde zu gähnen?

   A. Laute Musik oder der Staubsaugerlärm stresst sie.

   B. Sie sind müde, weil sie mit dir im Garten apportiert haben.

   C. Sie freuen sich, dich zu sehen, wenn du von der Schule nach Hause kommst.

   D. Sie haben keine Lust, immer wieder den gleichen Trick anzuwenden.

3. Hunde haben den Ruf, große Fundfresser zu sein. Welches der folgenden Nahrungsmittel für Menschen ist schädlich für deinen Hund?

A. Weintrauben

B. Karotten

C. Apfelschnitze

D. Gebratenes Huhn

4. Warum wälzen sich Hunde in stinkenden Dingen wie Kot oder einem toten Tier?

A. Zur Tarnung

B. Um den Duft von blumigem Haustiershampoo zu überdecken

B. Sowohl A als auch B

D. Keiner der oben genannten Punkte

Auf Seite 139 findest du die Antworten.

4

UNTER-WEGS

mit deinem vierbeinigen Kumpel

Manche Hunde lieben es, zu Hause zu sein. Aber für die meisten ist *»Zuhause«* überall dort, wo sie mit dir zusammen sein können! Das kann ein gemeinsames Sofa sein, ein Spaziergang oder eine Fahrt im Familienauto zu einem Abenteuer. Für deinen Hund ist nicht die Postleitzahl wichtig, sondern die Zeit, die er mit dir verbringt.

Ein Grund mehr, dafür sorgen, dass du und dein Hund erfolgreich seid, wenn es darum geht, andere Hunde kennenzulernen, in Hundeparks sicher zu sein, tolle Ausflüge zu machen, in hundefreundlichen Restaurants und Hotels willkommen zu sein und eine Hundeparty zu veranstalten, die einfach gefeiert werden kann.

HUND TRIFFT HUND – BEGRÜẞUNGEN

Wenn du eine andere Person triffst, entweder einen Freund oder auch Fremde, sagst du hallo. Vielleicht schüttelt man sich die Hand oder gibt sich ein High Five. Hunde schütteln sich beim ersten Treffen nicht die Pfoten. Ihre Version des Händedrucks ist das Beschnüffeln des Hinterns des anderen. Für uns mag das unhöflich oder eklig sein, aber in der Welt der Hunde gehört das zum guten Ton.

Gut sozialisierte Hunde, die sich zum ersten Mal treffen oder Freunde begrüßen, beschnüffeln sich abwechselnd an ihren Hinterteilen, um Informationen über den anderen zu erhalten. Dabei können sie eine Menge herausfinden: ob der Hund männlich oder weiblich ist, wie alt er ist, was er zuletzt gegessen hat, wie seine Stimmung ist (glücklich, traurig oder ängstlich) und sogar, wie gesund er ist. Das ist doch ziemlich erstaunlich, oder?

Lass deinen Hund also Hund sein, wenn er neue Freunde kennenlernt. Dabei muss dir auch klar sein, dass die Leinenpflicht bei manchen Hunden das Gefühl hervorrufen kann, dass sie sich oder ihre menschlichen Begleiterinnen und Begleiter verteidigen müssen. Auch wenn dein Hund gerne neue Freunde kennenlernt, solltest du dich vergewissern, ob es in Ordnung ist, sich fremden Hunden zu nähern.

AN DER LEINE. Wenn dein Hund angeleint ist und sich eine andere Person mit einem freundlichen Hund, der ebenfalls angeleint ist, nähert, gib ihnen die Gelegenheit, sich *»die Hand zu geben«*. Lockere die Leine, damit die Hunde Platz haben, sich zu bewegen und zu beschnuppern. Lob sie mit positiver Stimme für die freundliche Begrüßung und lass die beiden Hunde dann, wenn möglich, eine Weile nebeneinander herlaufen, damit sie sich besser kennen lernen.

Sag was, Kona!

Die meisten Hunde lieben wie ich Leckerlis. Treffen zwei Hunde aufeinander, hilft es oft, gutes Benehmen mit Leckerlis zu belohnen. Frag aber immer erst, bevor du einem dir unbekannten Hund ein Leckerli zusteckst. Manche Hunde haben Futtermittelallergien, und andere reagieren bei Leckerlis bissig. Besser auf Nummer sicher gehen!

SCHÜCHTERN SEIN. Nehmen wir an, dein Hund wirkt zögerlich oder sogar ängstlich, wenn er sich anderen Hunden nähert. Er leckt sich die Lippen, kauert sich zusammen, um kleiner zu wirken, oder versteckt sich sogar hinter deinen Beinen. All dies sind Signale für den anderen Hund, dass dein Hund unterwürfig ist und auf keinen Fall die Rolle des Leithundes übernehmen möchte.

Lass die beiden Hunde in dieser Situation ein paar Meter voneinander entfernt sitzen und sich gegenseitig beschnuppern. Versuche gleichzeitig, ruhig und fröhlich zu sein – denke daran, dass Hunde Experten darin sind, unsere Emotionen zu erfassen. Wenn du nicht nervös oder ängstlich wirkst, wird sich dein schüchterner oder ängstlicher Hund sicherer fühlen.

ZU AUFGEREGT. Dein Hund sprudelt über vor Energie und Freude. Vielleicht fängt er sogar an zu tanzen oder vor Freude zu kläffen, wenn sich ein angeleinter Hund nähert. Dein Hund braucht dich, um seinen Enthusiasmus zu zügeln, bevor er den anderen Hund trifft, vor allem, wenn der andere Hund schon älter ist und solche übertriebenen Begrüßungen vielleicht nicht so gut verträgt.

Du kannst es mit einem Trick versuchen: Versperr mit deinem Körper die Sicht deines Hundes auf den anderen. Hol ein paar Leckerlis raus, um die Aufmerksamkeit deines Hundes zu bekommen, und fordere ihn auf, sich zu setzen. Bleibt dein Hund ganz aufgeregt, ist das kein Grund zur Sorge. Lächele und vermittle, dass dein Hund zu aufgedreht ist, um zu schnüffeln und zu grüßen, und gehe dann schnell vorbei.

LIES DEINEN HUND

Es ist traurig, aber wahr, dass nicht alle Hunde andere Hunde mögen. Dein Hund hat vielleicht ein paar Hundekumpel, verhält sich aber gegenüber fremden Hunden etwas aggressiv. Oder er ist zwar sehr freundlich, aber nicht besonders geschickt bei der Begrüßung von Hunden, die nicht so einladend sind. Die meisten Hunde wissen, wie sie reagieren müssen, wenn ein anderer Hund aggressiv ist, aber wenn du dich einem anderen Hund oder Menschen näherst, solltest du auf Nummer sicher gehen.

Schätze ab, wie sich Hunde verhalten, bevor sie sich gegenseitig beschnuppern können. Es ist okay, eine Begegnung zu vermeiden, indem man in die entgegengesetzte Richtung geht oder die Straße überquert.

Ein freundlicher, aufgeschlossener Hund wird einige oder alle der folgenden Verhaltensweisen zeigen:

* entspannte Körperhaltung
* fröhliches Gesicht mit offenem Mund
* vermeidet direkten Blickkontakt mit dem anderen Hund
* begibt sich in einen Spielbogen (Hinterteil nach oben, Vorderbeine auf dem Boden)
* wedelt sanft und locker mit dem Schwanz

Ein nervöser oder aggressiver Hund wird einige oder alle der folgenden Verhaltensweisen zeigen:

* leckt sich die Lippen (ein Zeichen von Furcht)
* eingeklemmter Schwanz (ein Zeichen von Angst)
* versteckt sich hinter dem Besitzer
* knurrt
* steifer Körper und festes, geschlossenes Maul
* starrt den anderen Hund direkt an
* springt den anderen Hund an

EINEN HUNDEPARK SICHTEN

Liebst du die Pausen in der Schule? Liebst du es, Zeit auf dem Spielplatz zu verbringen, wo du die Rutsche hinunterrutschen und auf den Schaukeln hin und her schaukeln kannst? Das macht Spaß, oder? Manche Hunde lieben es, auf ihrer eigenen Art von Spielplatz zu toben: dem Hundepark.

Hundeparks sind eingezäunte Areale mit doppelt gesicherten Eingängen, in denen Hunde von der Leine gelassen werden, während sie mit anderen Hunden erkunden, rennen und toben.

Sorge für deinen Hund, indem du vorsichtig bist, bevor du einen Hundepark betrittst. Hier sollten Regeln angebracht sein, also lies sie dir durch, und dann schau dich um und hör genau hin.

ZEICHEN FÜR EINEN GUTEN HUNDEPARK:

- fröhlich bellende Hunde
- Hunde, die nett miteinander spielen
- viel Platz für Hunde, um sich vom Geschehen zu entfernen
- Menschen, die ihre Hunde beobachten oder mit ihnen spielen
- Gras oder ein anderer guter Untergrund (kein Asphalt oder staubiger Schmutz)

ZEICHEN FÜR EINEN SCHLECHTEN HUNDEPARK:

- knurrende oder kläffende Hunde
- Hunde, die verängstigte Hunde aggressiv jagen
- zu viele Hunde für den Platz
- Menschen, die lesen oder ihr Handy benutzen, statt auf ihre Hunde zu achten
- Kleinkinder, die innerhalb des Zauns spielen, insbesondere wenn sie Essen in den Händen halten

Nicht alle Hunde sind Hundepark-Fans – und das ist okay. Achte auf die Körpersprache deines Hundes, wenn du dich dem Tor des Hundeparks näherst. Zwing ihn nicht, hineinzugehen, wenn er an der Leine zieht, winselt oder sich zusammenkauert. Er sagt dir damit, dass er sich nicht sicher fühlt. Schwenk auf Plan B um: Geh mit ihm fröhlich und zügig eine Runde außerhalb des Hundeparks.

Sag was, Kona!

Ich liebe es, im Hundepark neue Freunde zu finden. Und ich darf dort hingehen, weil Arden weiß, dass ich komme, wenn sie meinen Namen ruft – selbst wenn ich mit einem blöden Boxer spiele! Stell unbedingt sicher, dass dein Hund einen guten Rückruf hat, bevor du einen Hundepark besuchst. Er sollte sich nicht ablenken lassen und konsequent zu dir zurück rennen.

ZEIT FÜR EINEN ROADTRIP!

Sobald man die Worte *»Willst du mitfahren…?«* ausspricht, wedeln die meisten Hunde mit dem Schwanz und freuen sich über die Einladung, mit dir und deiner Familie ins Auto zu steigen. Dabei ist es ihnen egal, wenn du nur zum Einkaufen fährst.

Im Folgenden findest du einige Tipps, wie du deinen Hund im Auto schützen kannst, egal, ob du nur ein paar Straßen weiter oder quer durchs Land fährst.

BAU DIE REISEAUSDAUER DEINES HUNDES AUF. Wenn du einen Welpen oder einen neu adoptierten Hund hast, solltest du ihn mit kurzen Fahrten von weniger als zehn Minuten vorbereiten. Arbeite dich allmählich an längere Strecken heran.

SICHERE DEINEN HUND IM AUTO. Großartig, wenn dein Hund in seiner Box reisen kann! (Weitere Informationen über Boxen findest du auf Seite 46.) Wenn nicht, solltest du ihm ein Sicherheitsgeschirr für Haustiere anlegen, das am Sicherheitsgurt befestigt wird. Er sollte auf dem Rücksitz oder im abgetrennten hinteren Bereich eines Geländewagens oder Kombis mitfahren. Befestige die Leine deines Hundes immer am Geschirr, wenn er im Auto sitzt, und halte die Leine fest, wenn du ihn vor dem Aussteigen aus dem Auto ausklinkst. Das ist auch eine gute Gelegenheit, die Kommandos *»Sitz«* und *»Bleib«* zu üben.

SORGE FÜR EINE ANGEMESSENE KENNZEICHNUNG. Dein Hund sollte ein Halsband mit einer Marke tragen, die die Telefonnummer deiner Familie enthält und zum Beispiel die TASSO-Kenn-Nummer (TKN). Sprich mit deinem Tierarzt über eine *»unsichtbare«* Kennzeichnung – einen Mikrochip. Der Mikrochip ist ein winziges Objekt von der Größe eines Reiskorns, das ein Tierarzt in die Schulterpartie deines Hundes einführt (ein schneller Vorgang, der sich wie eine Injektion anfühlt). Der Mikrochip enthält den Namen deines Hundes sowie die Kontaktinformationen deiner

Familie und deines Tierarztes oder der Tierärztin. Sollten du und dein Hund getrennt werden und er wird als Streuner aufgegriffen, verfügen die meisten Tierkliniken und Tierheime über einen Scanner, der den Mikrochip auslesen kann, was die Chancen auf eine Wiedervereinigung erheblich erhöht.

PACK WICHTIGE DINGE EIN. Für kurze oder lange Reisen solltest du immer eine Ersatzleine, zusätzliche Kotbeutel, Wasser für dich und deinen Hund und eine kleine Tüte mit Leckerlis mitnehmen.

ESSENGEHEN MIT HUND

Immer mehr Restaurants öffnen sich heutzutage für Hunde. Egal, ob du ein hundefreundliches Lokal in deiner Nähe hast oder auf Reisen eines findest, du bist nur willkommen, wenn dein Hund gut erzogen ist. Bring deinen Hund nur mit, wenn du weißt, dass er in Gesellschaft glänzt – du kannst nicht erwarten, dass er weiß, wie man sich benimmt, wenn du es zu Hause nicht geübt hast. Hier findest du Tipps, wie das Essen für alle entspannt läuft.

SORGE FÜR AUSLAUF. Damit deine Hündin sich entspannt, während du eine Mahlzeit genießt, power sie vorher mit einem Spaziergang aus. Dann ist sie eher bereit, ein Nickerchen unter dem Tisch zu machen.

Sag was, Kona!

Mich überrascht es längst nicht mehr, wenn Fremde mich mit »Hallo, Kona« begrüßen. Arden hat meinen Namen und ihre Handynummer in leuchtendem Gelb auf mein rotes Halsband gestickt. So weiß jeder, wie ich heiße und wie ich Arden erreichen kann, falls ich mich verlaufe. Pfoten hoch für die tolle Idee!

SUCH DIR VORHER DEN ORT RAUS. Schau nach einem Tisch in einer Ecke oder abseits des Eingangs, damit dein Hund möglichst wenig Gelegenheit hat, zu bellen oder an anderen Gästen und deren Hunden zu schnüffeln. Suche an sonnigen Tagen einen schattigen Tisch und bring einen Wassernapf mit.

ZÜGEL DEINE HÜNDIN. Damit deine vierbeinige Freundin keine Gäste an den Nachbartischen belästigt, führ sie am besten an einer kurzen Leine. Belohne sie von Zeit zu Zeit, wenn sie ruhig liegt. Erwarte aber nicht, dass sie stundenlang geduldig unter dem Tisch bleibt.

WASSER MARSCH

Manche Hunde lieben Wasser, egal, ob es sich um einen Pool, einen See oder das Meer handelt. Wenn dein Hund gerne paddelt, in einem Boot oder Kajak fährt oder sogar surft, ist das wirklich cool! Beachte diese Sicherheitstipps, damit dein Aufenthalt im Wasser Spaß macht und sicher ist.

HABT IHR EINEN POOL, SOLLTEST DU DEINEM HUND BEIBRINGEN, wie er ihn sicher betreten und verlassen kann. Beginne mit Wasserspielen im flachen Teil des Beckens und bringe ihm bei, dass dies sein *»sicherer Platz«* zum Verlassen des Beckens ist. Wenn dein Pool nicht über breite, flache Stufen verfügt, frage deine Eltern, ob sie eine schwimmfähige Rampe für Hunde anschaffen wollen.

SEI RETTUNGSSCHWIMMER FÜR DEINEN HUND. Lass deinen Hund nie ohne Aufsicht in den Pool, und stelle sicher, dass dein Pool mit einem hundesicheren Tor versehen ist, das den Zugang versperrt, wenn du nicht in der Nähe bist. Besuche einen Erste-Hilfe-Kurs für Haustiere. Lerne, wie man die Wiederbelebung und die Beatmung von Hunden durchführt und was zu tun ist, wenn dein Hund zu ertrinken droht.

ALLE HUNDE KÖNNEN SCHWIMMEN. Zu den Hunden, die das Paddeln nur schwer erlernen, gehören Hunde mit kurzen Beinen und langem Rücken (Corgis und Dackel), Hunde mit dickem Bauch (Bulldoggen) und Hunde mit kurzer Schnauze (Möpse). Wenn so ein Hund schwimmen

möchte, solltest du ihm eine Hundeschwimmweste anlegen, die ihm hilft, sich über Wasser zu halten. Stütze den Bauch deines Hundes, wenn er die ersten Schwimmversuche unternimmt, und bleib in seiner Nähe, bis er sicherer ist.

LEGE JEDEM HUND EINE SCHWIMMWESTE AN, wenn er dich auf einem Boot, Kajak oder Kanu begleitet, auch wenn er gut schwimmen kann.

SCHÜTZE DEINEN VIERBEINER VOR DER SONNE. Tupfe vor dem Schwimmen eine hundesichere Sonnencreme auf die Nasenspitze (nicht auf die nassen Stellen!) und den nackten Bauch, um das Risiko eines Sonnenbrands zu verringern. Das Sonnenschutzmittel muss wasserfest sein, schnell trocknen und darf nicht fetten.

BEENDE DAS WASSERSPIEL, BEVOR DEIN HUND ÜBERMÜDET IST.
Manche Hunde lieben Wasser so sehr oder holen ohne Pause Stöckchen. Ein müder Hund, der beim Schwimmen stark hechelt, kann Wasser in die Lunge bekommen oder so viel Wasser schlucken, dass er sich übergeben muss.

LASS DEINEN HUND NUR IN SAUBEREM WASSER SPIELEN.
Schmutziges, schlammiges oder trübes Wasser kann Parasiten enthalten, die eine Infektion namens Giardia sowie Durchfall bei Hunden verursachen können. Halte ihn von Wasser fern, das schlecht riecht oder mit Algen bedeckt ist.

HIER GEHT'S LANG, SCHNUFFEL!

Wenn du mit deiner Familie gerne auf Naturpfaden spazieren gehst, nimmt dein Hund mit Sicherheit gerne an deinen Abenteuern teil. Er sollte unbedingt stark genug sein, um eine lange Wanderung zu bewältigen. Kleinere Hunde müssen mehr Schritte machen als größere und ermüden dadurch schneller.

SEI VORBEREITET. Nimm reichlich Wasser, einen zusammenklappbaren Napf, Snacks für Mensch und Hund, ein Erste-Hilfe-Set und Ersatzkotbeutel mit. Wähle einen Wanderweg, auf dem Hunde erlaubt sind, und halte dich an die Wanderregeln (in einigen Gebieten dürfen Hunde frei laufen, in anderen müssen sie angeleint sein).

Denk an einen geeigneten Floh- und Zeckenschutz. Schließlich willst du keinen beim Wandern *»verwanzten«* Welpen. (Im nächsten Kapitel erfährst du mehr über eine gute Gesundheitspflege).

SORGE FÜR DIE RICHTIGE AUSRÜSTUNG. Vergewissere dich vor der Wanderung, dass dein Hund ein Halsband mit Marke und ein helles, reflektierendes Geschirr trägt. Ein Geschirr ist für einen wandernden Hund viel sicherer als ein Halsband, unabhängig von der Größe des Hundes. Du hast mehr Kontrolle, wenn du die Leine an dem D-Ring des Geschirrs befestigen. Gehe auf Nummer sicher und vermeide diese reißverschlussähnlichen Einziehleinen mit sperrigen Plastikgriffen – die Leine kann reißen, und dein Hund ist dir dann zu weit voraus.

BEREITE SCHON WELPEN AUF DIE SITUATION VOR. Bevor es losgeht, sollte dein Hund die folgenden Dinge können:

Er sollte anständig an der Leine gehen, ohne zu zerren und zu ziehen. Manche Wege sind steinig und uneben, und du willst nicht stürzen, weil dein Hund plötzlich an der Leine zerrt.

Er sollte jedes Mal schnell zu dir kommen, wenn du ihn rufst. Übe den Rückruf in einem eingezäunten Bereich. Führe deinen Hund dann an einer langen Leine in einem nicht eingezäunten Bereich, um seine Rückrufsicherheit zu testen, wenn du seinen Namen rufst.

Sag was, Kona!

Falls du vergessen hast, einen Wassernapf für deinen durstigen Hund mitzubringen, kannst du einen aus einem übrig gebliebenen Kotbeutel machen. Oder gieß Wasser in deine Baseballmütze oder in deine Handflächen. Ah! Ich fühle mich schon erfrischt!

AUFENTHALT IN EINEM HUNDEFREUNDLICHEN HOTEL

Wenn dein Hund gerne reist und sich gut benimmt, kannst du überlegen, ob ihr ihn in den Familienurlaub mitnehmt und in einem hundefreundlichen Hotel übernachtet. Mit diesen Tipps für Reisen mit einem Hund wird das Abenteuer für alle Beteiligten zum Vergnügen.

BRING VERTRAUTES FUTTER MIT. Um das Risiko von Durchfall oder Magenverstimmungen zu minimieren, solltest du das gewohnte Futter und die gesunden Lieblingsleckerlis deines Hundes beibehalten. Nimm Wasser in Flaschen oder 4 Liter Wasser aus dem heimischen Wasserhahn mit. Pack Wasser- und Futternäpfe ein. Biete bei jedem Halt Wasser an.

PACK ANNEHMLICHKEITEN FÜR HAUSTIERE EIN. Damit sich dein Hund im Hotelzimmer noch wohler fühlt, solltest du ihm vertraute Gegenstände mitnehmen, die seinen Geruch tragen, wie sein Bett oder seine Box und auf jeden Fall sein Lieblingsspielzeug.

BEFOLGE DIE HOTELREGELN. Viele hundefreundliche Hotels halten sich an eine große Regel: Hunde dürfen nicht allein im Hotelzimmer gelassen werden. Das liegt daran, dass sie lästig bellen oder so nervös oder gelangweilt sein können, dass sie das Zimmer verwüsten.

FINDE HAUSTIERBETREUUNGSDIENSTE. Rufe vorher an und frage das Hotelpersonal nach örtlichen Tiersittern oder Hundetagesstätten, die sich um deinen Hund kümmern können, während du und deine Familie an Orten unterwegs seid, an denen Hunde nicht willkommen sind.

Konas »Haustier-Knigge« für Hotelaufenthalte

Ich begleite Arden und meinen Katzenbruder Casey gerne auf Ausflügen. Da wir oft in einem haustierfreundlichen Hotel übernachten, weiß ich, was es heißt, ein guter Gast zu sein. Hier ist unsere Liste für den Check-in:

- Bringe ein Laken oder eine Decke von zu Hause mit, die du über die Bettdecke legst, wenn dein Hund bei dir im Bett schläft.
- Bringe ein paar Lieblingsspielzeuge deines Hundes mit – aber keine laut quietschenden, was die Gäste nebenan stören könnte.
- Pack Küchenrolle und ein Reinigungsmittel auf Enzymbasis ein, um Unfälle aufzuwischen.
- Bewahre die Lieblingsleckerlis und das Futter deines Hundes in versiegelten Behältern auf. Serviere Mahlzeiten im Badezimmer, nicht auf dem Teppichboden. Lass den Toilettendeckel unten.
- Häng ein »Bitte nicht stören«-Schild an den Türgriff, um unerwarteten Besuch durch das Reinigungspersonal zu verhindern.

ZEIT FÜR PFÖTCHEN-PARTY!

Die meisten Hunde lieben Gesellschaft. Warum also nicht einen besonderen Anlass feiern und eine Hundeparty veranstalten? Du kannst die Einladungen aus einem der folgenden Gründe verschicken:

- Adoptionsjubiläum
- Hunde-Geburtstag
- Obedience-Prüfung
- Spendenaktion für das örtliche Tierheim
- Halloween-Kostümwettbewerb
- Treffen mit Hundeparkfreunden
- Einfach so! (Du brauchst nicht wirklich einen Grund!)

Hundepartys sind prima, um das Verhalten von Hunden in einer lustigen Atmosphäre zu üben, aber sie können auch schwierig sein. Manche Hunde vergessen ihr Training in einer neuen oder sehr ablenkenden Umgebung. Zum Glück kannst du dafür sorgen, dass sich alle Gäste amüsieren. Veranstalte eine Party, damit du in dieser Situation Kommandos festigst, die gute Erziehung stärkst und gleichzeitig ein paar coole Hundetricks zeigen kannst.

Um eine erfolgreiche Hundeparty zu veranstalten, solltest du die folgenden Richtlinien beachten.

LEG EIN BUDGET FEST. Wie viel Geld hast du zur Verfügung? Wie viel davon willst du für dein Haustier ausgeben?

ERSTELL EINE GÄSTELISTE. Die Gästezahl richtet sich nach der Kontaktfreudigkeit der Hunde, der Anzahl der Personen, die dir bei der Beaufsichtigung helfen werden, und der Größe des Veranstaltungsortes. Wenn die Party im Haus oder im Garten stattfindet, sind es vielleicht nur ein paar Gäste; wenn die Party an einem hundefreundlichen Ort stattfindet, wie in einer Hundehalle, können es schon bis zu zehn oder zwölf werden.

LEG EIN DATUM FEST. Findet die Feier zum Beispiel in deinem Garten statt, brauchst du nur ein paar Tage zur Vorbereitung. Falls du aber etwa einen Raum reservieren möchtest, musst du im Voraus buchen.

SEI BEI DER EINLADUNG EINDEUTIG. Egal, ob du eine Karte per Post verschickst oder die Gäste per SMS, Telefon, E-Mail oder über soziale Medien einlädst, gib unbedingt das Datum, die Anfangs- und Endzeit, den Grund für die Veranstaltung und den Ort an. Zwei Stunden sind ein guter Zeitrahmen. Bitte die Gäste um eine Rückmeldung. Erkundige dich im Voraus, ob Gäste und/oder ihre Hunde Lebensmittelallergien haben, bevor du Leckerlis oder Hundekuchen für die Feier auswählst.

AUF DER PARTY

Bei einer Party in deinem Garten solltest du verschiedene Bereiche für die Essensausgabe, das Spielen und die Hundetoiletten abstecken.

- Erstell einen Plan für die Aktivitäten, aber versuche nicht, zu viel in eine Veranstaltung zu packen.
- Führe deine Hunde immer an der Leine und halte sie auseinander, um Kämpfe zu vermeiden, wenn du ihnen Hundekuchen oder Leckerlis gibst.
- Falls du deinen Gästen etwas schenken möchtest, solltest du dir am Ende der Party Zeit zum Verteilen nehmen.

Sag was, Kona!

Genau wie du liebe ich es, mit meinen BFFs – das sind meine besten felligen Freunde – zusammen zu sein. Meine ältere Schwester Bujeau ist viel größer als ich, aber wir haben unterwegs viel Spaß.

Ich spiele auch gerne mit meinem Cousin Oliver, einem aktiven 10-Kilo-Schnoodle. Wir jagen uns gegenseitig durch den ganzen Garten und kläffen dabei die ganze Zeit. Dann gehen wir ins Haus, schlürfen etwas Wasser und legen uns auf das Hundebett, um uns bis zum nächsten Spiel zu erholen.

Bujeau und Oliver stehen ganz oben auf der Gästeliste bei Veranstaltungen, die Arden und ich planen.

GRRR-OSSARTIGE SPIELE

Das Herzstück eines tollen Hundefestes sind die kreativen Spiele. Die folgenden Spiele sind klasse und können drinnen oder draußen gespielt werden.

SNOOPY SAGT

Diese hündische Version des beliebten Kinderspiels *»Simon sagt«* wurde entwickelt, um das Verhalten von Hunden auf Partys zu verbessern. Lass zur Vorbereitung deine Gäste mit ihren Hunden an der Leine antreten. Achte darauf, dass zwischen den einzelnen Mensch-Hund-Teams ausreichend Platz ist.

REGELN: Jedes Team muss deinen Befehl befolgen, wenn du *»Snoopy sagt«* sagst. Wenn du zum Beispiel sagst: *»Snoopy sagt, dein Hund macht Sitz«*, müssen die Leute ihre Hunde auffordern, sich zu setzen. Wenn du aber einfach nur sagst: *»Dein Hund macht Sitz«*, muss jedes Team, das dies tut, an die Seitenlinie gehen. Ein Team scheidet auch aus, wenn es ein *»Snoopy sagt«*-Kommando nicht ausführt.

DER GEWINNER: Das letzte verbliebene Team, das alle *»Snoopy sagt«*-Befehle befolgt hat.

HÜNDISCHE WILLENSKRAFT

Mit diesem lustigen Spiel übt man das Kommando *»Bleib«*. Es testet die Willenskraft der Fresser. Bevor es losgeht, schneide mehrere Hotdogs in ein Zentimeter große Stücke.

REGELN: Stelle die Gäste mit ihren angeleinten Hunden etwa einen Meter voneinander entfernt auf. Bei drei sagen die Teilnehmer *»Bleib«* und legen dann ein Stück Hot Dog etwa einen Meter vor die Nase ihres Hundes. Die Teilnehmer dürfen ihre Hunde nicht anfassen oder an der Leine ziehen.

DER GEWINNER: Der Hund, der der Versuchung am längsten widersteht und wartet, bis sein Mensch ihm das *Okay*-Zeichen gibt, um das Leckerli zu fressen.

HÜNDISCHE REISE NACH JERUSALEM

Bei diesem Spiel werden Hunde belohnt, die brav an der Leine neben dir herlaufen und sich sofort hinsetzen. Du brauchst eine Musikquelle und einige Hula-Hoop-Reifen oder Seile, mit denen du Kreise legen kannst. Leg die Hula-Hoop-Reifen oder die Seile als Kreise in einer Reihe auf den Boden und lass viel Abstand dazwischen. Es sollte ein Kreis weniger sein als die Gesamtzahl der Teams.

REGELN: Stell die Teams auf einer Seite auf. Weise die Teams an, sich in eine Richtung um die Reihe der Reifen oder Seilkreise zu bewegen, sobald die Musik beginnt. Stoppt die Musik, muss jede Person einen Fuß in den Kreis setzen und ihren Hund dazu bringen, sich innerhalb des Kreises zu setzen. Das Hund-Mensch-Team, dem es nicht gelingt, einen Kreis zu erreichen, scheidet aus. Nach jeder Runde wird ein Kreis entfernt.

DER GEWINNER: Das letzte Team, das erfolgreich einen Kreis beansprucht.

Chico

DIY

Eine Piñata für Hunde zum Selbermachen

Deine pelzigen Gäste sind sicher begeistert, wenn eine Kaskade von Keksen aus dieser maßgefertigten Piñata fällt. Diese lustige Aktivität sollte nur Hunden präsentiert werden, die sich untereinander kennen und sich nicht in eine Fressschlacht verwickeln lassen.

Pappkarton

starke Schere oder Universalmesser

starkes Klebeband

Kleber, Klebepistole oder Klebestift

Seidenpapier, Krepppapier und Plakatkarton oder farbiges Papier

stabile Schnur

kleine Hundekekse und Leckerlis

1 DAS HAUS VORBEREITEN

A. Schneide zwei gegenüberliegende Bodenklappen vom Pappkarton ab. Hebe eines der Klappenteile auf, um die Zuglasche herzustellen.

B. Falte zwei der oberen Laschen zusammen, um die Dachspitze zu bilden. Klebe die Laschen mit viel dickem Klebeband zusammen.

C. Zeichne die Umrisse der Dachspitze auf den verbleibenden Klappen nach. Schneide den überstehenden Karton ab.

2 DIE ZUGLASCHE BASTELN

A. Stanze ein Loch in die Mitte des abgeschnittenen Klappenteils, das du vom Boden des Pappkartons aufbewahrt hast.

B. Schneide ein Stück Schnur ab, das etwa 60 Zentimeter lang ist. Mache einen großen Knoten in ein Ende und fädle es durch das Loch in der Klappe. Verstärke das Loch mit Klebeband.

C. Binde einen Hundekuchen fest an das andere Ende der Schnur.

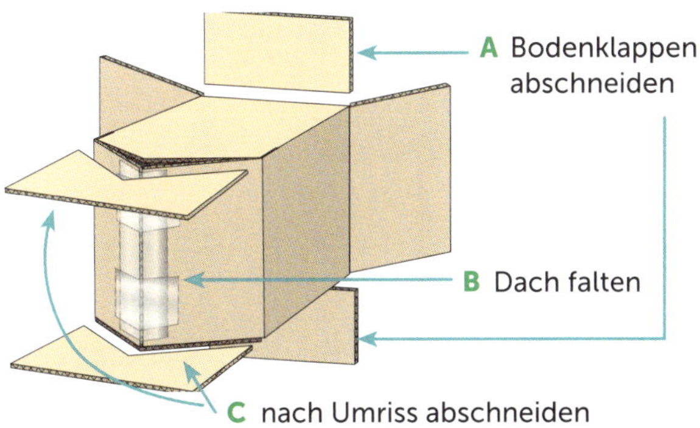

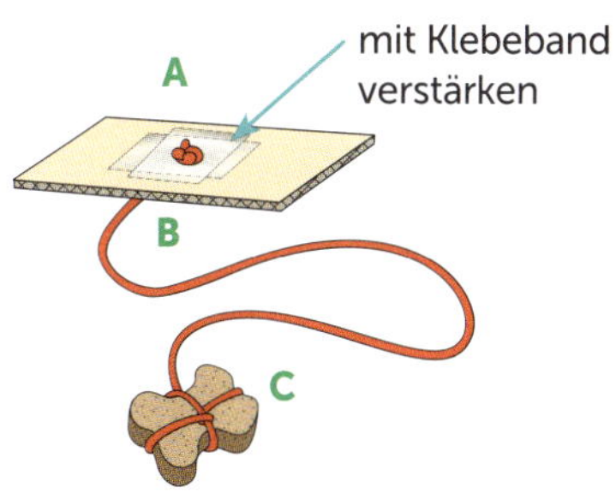

3 DEKORIEREN UND BEFÜLLEN

A. Die Möglichkeiten sind endlos! Wir haben Streifen aus Krepp- und Seidenpapier übereinander gelegt, um die Seiten des Pappkartons zu bedecken, und eine Tür aus farbigem Papier gebastelt.

B. Zieh vorsichtig die Klappen auf beiden Seiten des Daches auf und führe ein langes Stück Schnur durch den Karton. Binde die Enden mit einem festen Knoten zusammen.

C. Leg den Pappkarton auf die Seite und streu eine Handvoll Leckerlis hinein. Klappe die beiden unteren Klappen fast vollständig zu.

D. Steck die Aufreißlasche zwischen die unteren Laschen, sodass sie die Öffnung abdeckt, damit die Leckerlis nicht herausfallen können. Klebe die Laschen mit Klebeband zusammen. Experimentiere, um die richtige Menge an Klebeband zu finden, die das Gewicht der Leckerlis hält, während sich die Klappen durch einen Zug an der Zuglasche trotzdem öffnen lassen.

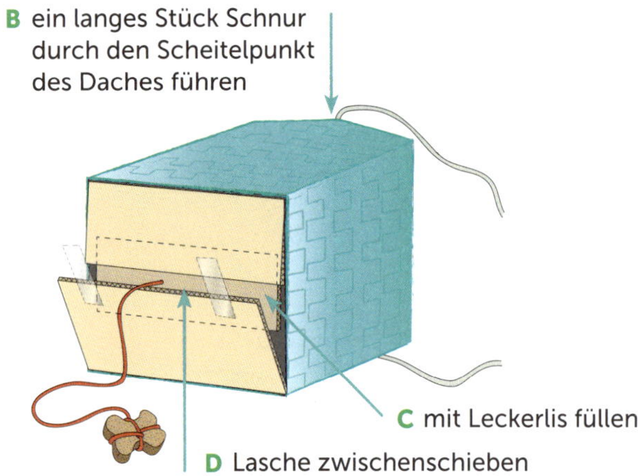

4 AUFHÄNGEN UND FERTIGSTELLEN

A. Schneide das Dach aus Plakatkarton oder farbigem Papier aus. Es sollte etwas breiter und länger als die Schachtel sein, damit es über die Seiten hängt. Falte es in der Hälfte und schneide an jeder Kante der Falte kleine Schlitze für die Schnur.

B. Hänge die Piñata etwas über dem Kopf deines Hundes auf – du möchtest, dass er hochspringt und nach dem Keks greift. Dadurch reißt die Zuglasche die Klappen auf und gibt die Leckerlis frei!

C. Schiebe das Dach auf und stecke die Schnur in die Schlitze.

NOCH MEHR IDEEN

POSTERTAFEL

Schneide zwei Formen aus Plakatkarton aus. Klebe sie auf eine Schachtel aus Pappe mit einem Schlitz im Deckel.

EIN VERSAND-ROHR

Dekoriere ein Versandrohr und fülle es mit Leckerlis. Hänge ein Leckerli als Köder an den Deckel der Röhre.

1 Zum Aufhängen führst du ein Stück Band durch den Boden der Schachtel.

2 Fülle die Box mit Leckereien.

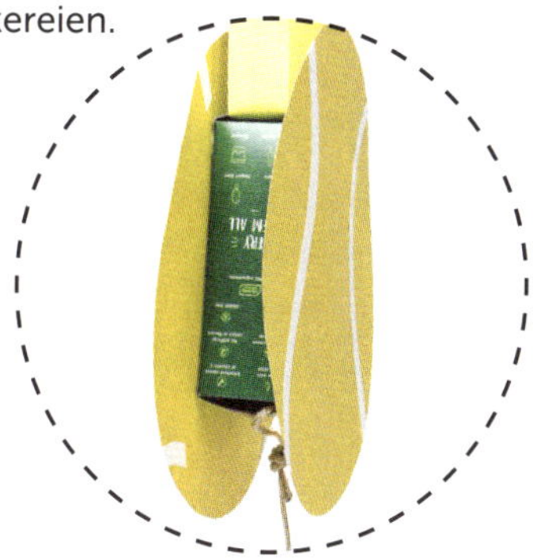

3 Schling die Schnur durch die oberen Laschen und schließe den Karton mit der Lasche.

Wuff-Wuff-Brownies

Deine hündischen Partygäste werden vor Vergnügen heulen, wenn du diese zum Bellen leckeren Brownies servierst. Keine Sorge – diese hundesicheren Leckerbissen enthalten nicht einen Hauch von Schokolade.

- 125ml Pflanzenöl
- 2 Esslöffel Honig
- 100g Weizenvollkornmehl
- ½ Tasse Johannisbrotchips
- ½ Tasse Johannisbrotpulver
- 4 Eier
- ½ TL Vanilleextrakt
- 1 TL Backpulver

1 Den Ofen auf 180°C Ober-/Unterhitze vorheizen. Ein Backblech einfetten.

2 Öl und Honig in einer mittelgroßen Schüssel mit einem Holzlöffel gründlich vermischen.

3 Mehl, Johannisbrotchips, Johannisbrotpulver, Eier, Vanille und Backpulver hinzufügen und gut vermischen.

4 Den Teig auf dem vorbereiteten Backblech verteilen und 30 bis 35 Minuten backen. Prüfe, ob der Teig gar ist, indem du einen Zahnstocher in die Mitte steckst. Wenn er ohne Teig herauskommt, sind die Brownies fertig.

5 In der Form abkühlen lassen, dann glasieren (siehe Rezept auf der nächsten Seite).

6 Den Teig in mundgerechte Quadrate von etwa 2,5 x 2,5 Zentimeter schneiden. Die Reste in einem verschlossenen Behälter im Kühlschrank aufbewahren.

Die Portionsgröße beträgt 1 oder 2 Stücke für Hunde unter 15 Kilogramm Körpergewicht; 2 bis 4 Stücke für Hunde über 15 Kilogramm.

Wuff-Wuff-Brownieglasur

340g fettfreier Frischkäse

1 TL Vanilleextrakt

1 TL Honig

1 Frischkäse, Vanille und Honig in einem kleinen elektrischen Mixer verrühren.

2 Den Guss mit einem Spatel auf den abgekühlten Brownies verteilen. Vergiss nicht, die Schüssel auszulecken!

Wunderbare Wuffi-Bällchen

Hunde lieben fleischige Leckerbissen. Hier ist ein lustiges Rezept für besondere Anlässe wie den Geburtstag deines Hundes oder den Jahrestag seiner Adoption.

250g Rinderhackfleisch oder Truthahn
80g Semmelbrösel
120g geriebener Cheddar-Käse
1 Karotte, geraspelt
1 Ei, verquirlt
3 EL natriumarmes Tomatenmark

1 Den Ofen auf 180°C Ober-/Unterhitze vorheizen. Ein Backblech einfetten oder mit Backpapier auslegen.

2 Alle Zutaten in einer großen Rührschüssel verrühren, bis sie gut vermischt sind.

3 Die Mischung löffelweise zu Mini-Frikadellen formen.

4 Die Fleischbällchen auf das vorbereitete Backblech legen und 15 bis 20 Minuten backen, bis die Fleischbällchen innen nicht mehr rosa sind.

5 Auf dem Backblech abkühlen lassen und in einem verschlossenen Behälter im Kühlschrank aufbewahren.

Die Portionsgröße beträgt 1 Frikadelle für Hunde unter 15 Kilogramm Körpergewicht; 2 Frikadellen für Hunde über 15 Kilogramm.

Herzlichen Glückwunsch für mich!

SO SORGST DU

für die Gesundheit deines Hundes

Wenn du einen Hund hast, spielst du viele Rollen: Du fütterst ihn, sammelst seine Kothaufen ein, gehst täglich mit ihm spazieren und bist sein liebster Spielkamerad. Letzteres ist wichtig, denn das Spielen mit deinem Hund ist eine der besten Möglichkeiten, damit er nicht zu dick wird oder sich zu viel Energie aufstaut. Regelmäßige Spaziergänge sind wichtig, aber du kannst auch Energie loswerden, indem du mit deinem Hund spielst, egal, bei welchem Wetter. Versuch, täglich Zeit für ein paar kurze Spieleinheiten zu finden. In diesem Kapitel findest du unterhaltsame Möglichkeiten fürs Hundetraining, Infos über seine Gesundheit und Tipps für den Besuch beim Tierarzt oder bei der Tierärztin.

AUF NACH DRAUSSEN INS FREIE

Wenn das Wetter schön ist, kannst du mit deinem Hund nach draußen und vier von Konas Lieblingsspielen spielen: Verstecken, Schnitzeljagd, Spaß-Apportieren und sicheres Tauziehen. (Alle Spiele können auch drinnen gespielt werden.)

VERSTECKEN

Das Spiel ist großartig, um das »*Komm*«-Kommando deines Hundes zu festigen. Lass deinen Hund von einer Person festhalten, während du aus dem Blickfeld verschwindest und ein Versteck suchst. Wenn du in Position bist (zum Beispiel hinter einem Baum oder Schuppen), rufst du den Namen deines Hundes und sagst einmal: »*Komm*«. Dann bleibst du ruhig. Lass deinen Hund Nase und Gehirn anstrengen, um dich aufzuspüren. Lobe und belohne ihn.

SCHNITZELJAGD

Kennt dein cleverer Hund die Namen seiner verschiedenen Spielzeuge? Kona weiß, dass »*Foxy*« das orangefarbene Plüschtier und »*Hörnchen*« das grau-schwarze Plüschtier in ihrem Spielzeugeimer ist. Dieses Spiel trainiert das Gehirn und die Muskeln deines Hundes und erweitert gleichzeitig seinen Wortschatz.

Zeig deinem Hund jeden Tag ein paar Minuten lang eines seiner Lieblingsspielzeuge und nenn dabei die Namen, zum Beispiel: »*Hier ist Foxy*« oder: »*Das ist Hörnchen*«. Ermuntere deinen Hund, an dem Spielzeug zu schnüffeln und damit zu spielen. Sag immer wieder den Namen des Spielzeugs, während dein Hund spielt. Spiel mit dem Spielzeug Fangen oder Verstecken und sag dabei »*Such*« oder »*Bring*« mit dem Namen des Spielzeugs. Bleib einige Tage lang bei einem Spielzeug, um sicherzustellen, dass dein Hund den gesprochenen Namen mit dem Spielzeug assoziiert. Dann kannst du nach und nach ein anderes Spielzeug einführen.

Nachdem du die Namen von zwei Spielzeugen trainiert hast, testest du, ob dein Hund sie versteht, indem du die Spielzeuge ein paar Meter voneinander entfernt aufstellst und ihn bittest, eines davon zu bringen. Lobe ihn, wenn er das richtige Spielzeug ausgewählt hat. Sobald er konsequent zwei Spielzeuge unterscheiden kann, kannst du andere nach und nach einführen.

Um das Spiel nach draußen zu verlegen, versteckst du ein paar der Lieblingsspielzeuge hinter Bäumen oder an anderen Stellen in deinem Garten oder im Park. Dann lässt du deinen Hund (angeleint oder unangeleint, je nach Situation) auf die Suche gehen.

SPASS-APPORTIEREN

Die meisten Hunde lieben es, bewegliche Gegenstände zu jagen, insbesondere Bälle oder fliegende Scheiben. Daher ist Spaß-Apportieren klasse, um deinen Hund zu trainieren. Manche Hunde jagen liebend gern dem Ball oder der Scheibe hinterher, geben sie aber nicht zurück. Du musst deinem Hund alle Schritte des Apportierens beibringen: Jagen, Apportieren und Fallenlassen.

Um ihm beizubringen, einen Gegenstand zu dir zurückzubringen, fang mit zwei identischen Bällen oder Scheiben an. Hat dein Hund den ersten Gegenstand apportiert, will ihn aber nicht hergeben, rufst du ihn zu dir und wirfst den zweiten Gegenstand. Wahrscheinlich wird er den ersten Gegenstand fallen lassen, um sich den zweiten zu holen.

Wenn er das tut, hebst du den ersten Gegenstand auf und wiederholst den Wechsel. Sobald er gelernt hat, dass du immer einen anderen Ball oder eine andere Scheibe werfen wirst, sagst du das Kommando *»Aus«*, bevor du den nächsten Gegenstand wirfst. Sobald er das Spielzeug loslässt, hebst du es auf und gibst ihm ein Leckerli oder wirfst denselben Gegenstand. Er wird bald lernen,

Sag was, Kona!

Ich gebe zu, dass mir die weiche Flugscheibe am Anfang, als Arden sie mir zum Fangen zugeworfen hat, an den Kopf gedonnert ist. Ich war ungeschickt. Das ist dein Hund vielleicht auch. Aber das ist okay. Sei einfach geduldig und fang mit kurzen Wurfdistanzen an, damit dein Hund seine Augen-Mund-Koordination verbessern kann. Ruf deinem Hund unbedingt ein fröhliches »Prima, gut gefangen« zu, um ihn zu ermutigen und zu motivieren. Heute kann ich die Scheibe zu Ardens Füßen fallen lassen und lossprinten, während sie sie fliegen lässt, damit ich in die Luft springen und sie fangen kann. Ich liebe, liebe, liebe dieses Spiel im Garten!

dass es sich lohnt, den Ball oder die Scheibe für ein Leckerli oder die Möglichkeit, weiter zu apportieren, aufzugeben.

SICHERES TAUZIEHEN

Wähle ein robustes Zugspielzeug, das mindestens einen Meter lang ist, damit zwischen deiner Hand und dem Maul deines Hundes ein sicherer Abstand ist. Sag deinem Hund, dass er *»Sitz«* und *»Platz«* machen soll, während du das Zugspielzeug vor ihm herziehst. Wenn er nach dem Spielzeug schnappt, sagst du ihm, dass er es fallen lassen soll, und gibst ihm ein Leckerli, wenn er gehorcht.

Gib ihm die Erlaubnis, das Spielzeug zu nehmen, indem du *»Pack«* sagst. Lass ihn 10 bis 15 Sekunden lang ziehen und gib dann das Kommando *»Aus«*. Lass ihn auf dein *»Pack«* warten, bevor du das Spiel erneut beginnst.

Bring deinem Hund unbedingt bei, dass du alle Zerrspiele beginnst und beendest und dass du aufhörst zu spielen, wenn er zu stark zieht oder dein Kommando *»Aus«* nicht befolgt.

SPIEL UND SPASS IM HAUS

Auch wenn es im Winter schneit oder in Strömen regnet, sollte dein Hund das ganze Jahr über fit bleiben. Wie gut, dass es spaßige Ideen gibt, wie ihr Energie verbrennen könnt, wenn ihr wegen des schlechten Wetters drinnen bleiben müsst.

MINI-HINDERNISPARCOURS

Kombiniere Hindernisse, um das Interesse deines Hundes zu wecken und ihn in Bewegung zu halten.

- Führe deinen Hund an einer kurzen Leine zwischen einer Reihe von Gegenständen wie Papptellern, Büchern oder kleinen Kissen auf einer großen Freifläche hindurch.
- Stell einen Besen auf zwei Bücherstapel oder ein paar große Dosen und fordere deinen Hund auf, darüber zu springen.
- Halte einen Hula-Hoop-Reifen ein paar Zentimeter über den Boden und locke ihn hindurch.

AEROBIC-AKTION. Für dieses Spiel brauchst du eine weitere Person und eine Handvoll Leckerlis. Stell dich an die gegenüberliegenden Enden eines langen Flurs oder an den oberen und unteren Rand einer Treppe. Am Anfang sitzt dein Hund neben einem von euch. Die andere Person ruft den Hund in einem fröhlichen, aufmunternden Ton und belohnt ihn, wenn er sich das Leckerli holt. Ein paar Minuten hin- und herlaufen ist ein prima Training.

VERMISCHTE KOMMANDOS. Reihe die Kommandos *»Sitz«* und *»Platz«* mehrmals hintereinander aneinander, damit dein Hund eine Reihe von *»Schnuffel-Squats«* macht. Oder reihe mehrere Kommandos aneinander, etwa *»Sitz«*, *»Bleib«*, *»Komm«*, *»Platz«*, *»Sitz«*, *»Umdrehen«*!

Ein verregneter Tag ist prima, um das wichtige Kommando » Bleib« zu üben. Dafür verlängerst du schrittweise die Zeit, die dein Hund an seinem Platz bleiben muss. Lobe ihn ausgiebig und verteile gelegentlich Leckerlis, wenn er es gut macht.

GIBT ES HIER IRGENDWO EINEN TIERARZT?

Eine der wichtigsten Rollen, die du übernehmen kannst, ist die des Gesundheitsdetektivs für deinen Hund.

Und wie genau geht das? Ganz einfach. Halte Ausschau nach Anzeichen, die darauf hindeuten, dass dein Hund nicht ganz gesund ist - und informiere dann deine Eltern darüber. Je eher du Probleme bei deinem Hund erkennst, desto eher bekommt er Hilfe. Dazu musst du die Fähigkeiten eines Tierdetektivs einsetzen: Beobachten, Riechen, Hören und Fühlen.

Nehmen wir an, dein Hund oder dein Welpe ist normalerweise voller Energie. Aber eines Tages bleibt er lieber in seinem Bett oder lehnt deine Einladung zum Fangenspielen ab. Oder vielleicht ist dein Hund normalerweise verfressen, aber zur Essenszeit schnüffelt er nur am Napf und geht weg. Vielleicht juckt deine Hündin sich auch stark oder kaut an ihren Pfoten. Oder du stellst fest, dass sie eine Beule auf dem Rücken oder einen roten Ausschlag am Bauch hat, der vor einer Woche noch nicht da war.

Das sind alles Hinweise darauf, dass etwas nicht in Ordnung ist.

ERSTE HILFE FÜR HAUSTIERE LERNEN

Mit der Teilnahme an einem Erste-Hilfe-Kurs für Haustiere zeigst du deinem Hund, wie sehr du ihn liebst. Kinder sind herzlich willkommen, mit ihren Eltern an diesen Kursen teilzunehmen. Hier sind drei Gründe, warum du einen Erste-Hilfe-Kurs besuchen solltest:

- Du lernst, wie du ruhig und konzentriert bleiben kannst, wenn dein Hund krank oder verletzt ist.
- Du hilfst deiner Familie, Tierarztrechnungen zu sparen, indem du die Gesundheitsprobleme deines Hundes frühzeitig erkennst.
- Du lernst, was du in einem Notfall tun kannst, um möglicherweise das Leben deines Hundes zu retten.

In dem Kurs lernst du zum Beispiel, wie man einem Hund hilft, der erstickt, wie man eine blutige Pfote verbindet, wie man Medikamente verabreicht, wie man beatmet und die Herz-Lungen-Wiederbelebung durchführt, und vieles mehr!

CHECKE DEINEN HUND VON DER NASE BIS ZUM SCHWANZ

Plane jede Woche einen Termin für einen Gesundheits-Check von Kopf bis Fuß ein. Gleichzeitig baust du so eine Bindung zu deinem Hund auf, während du nach möglichen gesundheitlichen Problemen suchst.

Bevor du loslegst, zeichne drei Umrisse deines Hundes: Seitenansicht, Bauchansicht und Kopfansicht. Mithilfe dieser Zeichnungen markierst du die Stellen, an denen dein Hund ein Problem haben könnte, zum Beispiel Schnitte, Beulen oder Ausschläge, um sie deinen Eltern und dem Tierarzt oder der Tierärztin zu zeigen.

Wähle für den Gesundheits-Check einen kleinen Raum ohne Ablenkungen, wo du die Tür zumachen kannst. Vielleicht kannst du deinen Hund in dein Schlafzimmer führen oder ihn mit einem Leckerli ins Badezimmer locken. Blättere um, um zu erfahren, wie du dein Check-up durchführst.

Sag was, Kona!

Wenn du rosa denkst, bist du ein Gesundheitshüter! Denn die Farbe des Zahnfleischs ist ein wichtiges Zeichen für eine gute Gesundheit: Gesundes Zahnfleisch sieht aus wie Kaugummi! (Natürlich sollten Hunde niemals Kaugummi kauen.)
Wenn Arden meine Oberlippe anhebt, um unseren Schülerinnen und Schülern zu zeigen, wie man das Zahnfleisch untersucht, bin ich stolz darauf, meine weißen Zähne und mein gesundes rosa Zahnfleisch zu zeigen. Wenn das Zahnfleisch deines Hundes weiß, grau, blau, leuchtend rot oder gelb ist, stimmt etwas nicht. Sag deinen Eltern sofort Bescheid, damit sie den Tierarzt oder die Tierärztin anrufen können.

DER GESUNDHEITS-CHECK-UP

Benutze die Skizzenbilder deines Hundes (siehe vorherige Seite), um Befunde zu markieren. Teile Bedenken mit deinen Eltern. Schließe deine Gesundheitsuntersuchung zu Hause immer mit einem dicken Lob für deinen Hund ab!

Beginne am Kopf deiner Hündin. Fühle ihre Nase. Eine gesunde Nase ist trocken oder leicht feucht. Eine ungesunde Nase ist extrem trocken oder voller Schleim – igitt!

Klappe jedes Ohr sanft zurück, um hineinzuschauen. Schnuppere auch daran. Wenn du dunkelbraunen Schmutz siehst, der wie Kaffeesatz aussieht, oder wenn es nach schmutzigen Socken riecht, hat deine Hündin vielleicht Ohrmilben oder eine Ohrentzündung.

Halte ihr ein Leckerli vor die Augen und bewege es langsam von links nach rechts, um zu prüfen, ob ihre Augen der Bewegung folgen. Sind die Pupillen in ihren Augen gleich groß? Wenn eine Pupille kleiner oder größer ist als die andere, könnte es sich um ein medizinisches Problem handeln. Mit dem *»Folge dem Leckerli«*-Trick kannst du auch feststellen, ob deine Hündin einen steifen Hals hat.

Untersuche den Bauch auf Rötungen oder Ausschläge. Fühle nach Klumpen oder Beulen.

Gleite mit deiner Hand von ihrem Kopf zum Schwanzansatz. Massiere dann langsam und sanft ihren ganzen Körper. Achte auf Zuckungen oder einen Widerstand: Beides kann auf einen Muskelkater oder Arthritis hinweisen.

Untersuche jede Pfote auf Schnitte, zugewachsene Nägel oder Zecken. (Igitt, die verstecken sich gerne zwischen den Zehen!)

Hebe vorsichtig den Schwanz an, um zu sehen, ob sich am After eine Rötung bildet oder trockener Kot herunterhängt. Wenn du bemerkst, dass sie auf ihrem Hinterteil über den Boden rutscht, könnte sie Würmer haben.

Untersuche die Rute auf Schnitte oder Beulen. In der Rute befinden sich viele winzige Knochen, und ein Hund kann seine Rute verletzen, wenn er zu heftig mit ihr wedelt und gegen etwas stößt!

ENTSCHLÜSSELE DIE DREI K(N)ACKPUNKTE: KOT, URIN UND ERBROCHENES

Ein großes Geschäft kommt vor. Das Gleiche gilt für Pipi und manchmal sogar für Erbrochenes. Einige gesundheitliche Probleme kannst du frühzeitig erkennen, wenn du auf die *»Ausscheidungen«* deines Hundes achten.

KOT ZUERST

Fangen wir mit dem Kot an. Normaler, gesunder Hundekot sollte schokoladenbraun sein, die Form eines Klumpens haben, sich leicht aufsammeln lassen (mit einem Kotbeutel) und leicht matschig sein. Wenn dein Hund kleine, harte Kügelchen kotet, leidet er möglicherweise an Verstopfung. Wenn er wässrige, rötlich-braune Pfützen absetzt, hat er Durchfall.

Wenn der Kot deines Hundes wirklich stinkt und du etwas entdeckst, das wie Kaffeesatz aussieht, könnte das ein Hinweis auf innere Blutungen sein. Das rechtfertigt eine sofortige tierärztliche Untersuchung!

SPOTLIGHT AUF URIN

Der Urin verrät viel über die Gesundheit deines Hundes. Normaler Hundeurin sollte gelb sein und nicht stark riechen. Brauner, orangefarbener, rosa oder roter Urin deutet auf ein Gesundheitsproblem hin. Um die Farbe zu bestimmen, verwendest du ein Stück Küchenrolle. Leg das Blatt unter die Hündin, kurz bevor sie in die Hocke geht und im Freien uriniert. Bei einem Rüden solltest du das Testblatt so ansetzen, dass du ein paar Spritzer auffängst, sobald er anhält und ein Hinterbein hebt.

Sag was, Kona!

Durchfall bei Hunden ist kein Zuckerschlecken, und Verstopfung auch nicht. Zum Glück gibt es eine leckere Lösung. Immer wenn ich Bauchschmerzen habe, gibt Arden für ein paar Mahlzeiten einen Esslöffel Kürbis aus der Dose in meinen Futternapf, und schon ist mein Kot wieder perfekt. Achtet drauf, dass ihr ungesüßtes Kürbispüree nehmt. Pfoten hoch für Kürbispower!

Halte Veränderungen bei der Häufigkeit und Menge des Urins deines Hundes fest.

Wenn dein Hund immer brav draußen auf die Toilette gegangen ist und plötzlich auf den Wohnzimmerteppich pinkelt, stimmt etwas nicht. Und wenn dein Hund in der Hocke nur ein paar Tropfen Urin abgibt, könnte er eine Verstopfung in seinen Harnwegen haben. Das ist ein medizinischer Notfall!

WARUM HUNDE WÜRGEN

Hunde erbrechen aus vielen Gründen. Ganz oben auf der Liste stehen Magenverstimmungen durch verdorbenes Futter, zu schnelles Fressen, versehentliches Verschlucken von Pflanzengift oder Medikamenten oder es wird ihm beim Autofahren schlecht.

Ja, Erbrochenes ist eklig, aber nutze deine Fähigkeiten als Tierdetektiv. Wenn dein Hund nur ab und zu erbricht und dann wieder seiner normalen Routine nachgeht, brauchst du dir keine Sorgen zu machen. Wenn er jedoch mehr als einmal am Tag erbricht, sich träge verhält und jedes Futterangebot ablehnt, sollte er von deinem Tierarzt oder deiner Tierärztin untersucht werden. Geh auf Nummer sicher – um deines Hundes willen!

Finde den Herzschlag deines Hundes

Das Herz deines Hundes befindet sich auf der Brust zwischen seinen Vorderbeinen. Leg deine Handfläche auf diese Stelle – du spürst, wie sein Herz pocht, pocht, pocht. Frag bei der nächsten Untersuchung bei deinem Tierarzt oder deiner Tierärztin, ob du den Herzschlag deines Hundes mit dem Stethoskop abhören darfst. Echt cool, oder?

Das Herz eines gesunden Hundes schlägt 60 bis 140 Mal pro Minute, je nach Größe des Hundes. Kleine Hunde haben einen schnelleren Herzschlag als große Hunde. Die gesunde Herzfrequenz eines Chihuahuas liegt bei 100 bis 140 Schlägen pro Minute. Ein großer Labrador Retriever hat eine gesunde Herzfrequenz von 60 bis 100 Schlägen pro Minute.

FRAG DEN TIERARZT

Wie kann ein Hund noch laufen, wenn er ein Bein verloren hat?

— Jackson, 6 Jahre, Dallas, Texas

Manchmal ist ein Bein so schwer verletzt oder infiziert, dass es entfernt werden muss. Wenn das bei einem Menschen passiert, lernt er oder sie in der Regel, mit einer Beinprothese zu laufen. Muss bei einem Hund nur ein Teil des Beins entfernt werden, erhalten auch Hunde manchmal Prothesen.

Wenn ein Hund ein ganzes Bein verliert, hat er aber immer noch drei übrig. Die meisten *»dreibeinigen«* Hunde passen sich sehr gut an, auch wenn sie vielleicht etwas länger brauchen, um aufzustehen. Sie hüpfen mit einem Bein, während sie mit den beiden anderen gehen oder laufen. Meistens können sie sich genauso schnell fortbewegen wie ein Hund mit vier Beinen.

Manche Hunde, die ihre Hinterbeine nicht mehr gebrauchen können, lernen, sich in einem Wagen auf Rädern fortzubewegen. Das Tolle an Hunden ist, dass sie immer das Beste aus einer schlechten Situation zu machen scheinen.

— Dr. Michael LoSasso, Frisco Emergency Pet Care, Frisco, Texas

SO WERDEN TIERARZTBESUCHE WENIGER BEÄNGSTIGEND

Auch wenn Tierärzte Hunde lieben, beruht das nicht immer auf Gegenseitigkeit. Ein Besuch beim Tierarzt oder der Tierärztin ist oft beängstigend, und dein Hund zeigt sich vielleicht nicht von seiner besten Seite. Mit den folgenden Tipps kannst du deinen Teil dazu beitragen, dass Tierarztbesuche für deinen Hund weniger beängstigend sind.

NUTZE DEN SICHEREN RAUM EINER TRANSPORTBOX. Wenn deine kleine Hündin daran gewöhnt ist, in einer Box zu leben, kannst du sie im Auto und in der Tierklinik in einer Transportbox transportieren. Das ist nicht nur rundum sicherer, sondern gibt deiner pelzigen Freundin auch ein besseres, sicheres Gefühl, während ihr beide auf den Termin wartet.

Gewöhne deine Hündin vorher an die Transportbox, indem du sie im Freien stehen lässt und Leckerlis hineinwirfst, an denen deine Hündin schnuppern kann. Auf diese Weise verbindet sie die Transportbox nicht nur mit dem Gang zur Tierärztin (weitere Informationen zum Training findest du auf Seite 46).

SCHNALLE EINEN GRÖẞEREN HUND AN. So wie du niemals ohne Sicherheitsgurt Auto fährst, sollte auch deine Hündin das nicht tun. Wenn deine Hündin nicht in einer Transport- oder Hundebox mitfährt, solltest du sie daran gewöhnen, bei jeder Fahrt in ein Sicherheitsgeschirr geschnallt zu werden. Das ist die sicherste Art zu reisen, und wenn deine Hündin daran gewöhnt ist, mit dem Auto durch die Gegend zu fahren und nicht nur zum Tierarzt, wird sie nicht in Panik geraten und alles noch schlimmer machen, wenn du sie doch einmal mitnehmen musst.

MACH EINEN PROBELAUF. Frag deine Eltern, ob du deine Hündin für einen kurzen Besuch in die Tierklinik mitnehmen darfst, damit sie dort Leckerlis bekommt und sich über die Aufmerksamkeit

des Tierarztes und des Personals freut. Geh nach ein paar Minuten wieder. Wiederhole dies ein paar Mal im Laufe mehrerer Monate. Deine Hündin wird beginnen, die Tierklinik als einen einladenden Ort zu betrachten.

HALTE DEINE HÜNDIN AN DEINER SEITE. Halte deine Hündin im Wartezimmer in deiner Nähe und nicht zu nahe bei anderen Haustieren. Lass ihr viel Freiraum, vor allem zu mürrischen Hunden. Halte deine Hündin mit dem Gesicht zu dir, um sie ruhig zu halten.

SPRICH MIT RUHIGER, FRÖHLICHER STIMME. Sprich mit deiner verängstigten Hündin niemals in Babysprache. Hunde lesen unsere Stimmungen sehr gut, und du musst ihnen vermitteln, dass alles in Ordnung ist. Jemand, der Babysprache verwendet, ist für einen Hund nicht selbstbewusst; er hat die Situation nicht unter Kontrolle. Babysprache kann bei manchen Hunden sogar zu Panik, Stress oder Angst führen.

VERMEIDE STRESS. Wenn deine Hündin sehr nervös oder überreizt ist, frag nach, ob du direkt in den Untersuchungsraum geführt werden kannst, oder warte im Auto, bis ihr dran seid.

VERSUCH'S MIT LECKERLIS. Frag die Tierärztin oder das Personal, ob du Leckerlis mitbringen kannst, um deine Hündin im Untersuchungsraum abzulenken, während sie untersucht wird. Respektiere, was die Tierärztin sagt. Manchmal ist es am besten, wenn der Besitzer oder die Besitzerin während einer stressigen Untersuchung, etwa einer Blutabnahme, den Raum verlässt. Auf diese Weise gehört man zu den Guten, die sie danach trösten.

WÄHLE EINEN ANGSTFREIEN UMGANG

Vielen Tierärzten ist heute bewusst, dass manche Hunde regelrecht Angst davor haben, die Klinik zu betreten oder untersucht zu werden. Statt mit diesen Hunden zu ringen oder sie zu bändigen, wenden sie bei der Begrüßung und Behandlung von Hunden nun sicherere, sanftere Techniken an. Sie lassen sich für den angstfreien Umgang mit Hunden zertifizieren, um Angst, Stress und Unruhe bei den Tieren zu verringern und genauere und gründlichere Untersuchungen zu ermöglichen.

So kann beispielsweise ein kleiner Hund während einer Untersuchung auf eine gepolsterte Unterlage auf dem Untersuchungstisch gelegt werden, damit er nicht auf dem rostfreien Stahl ausrutscht. Bevor ein Hund geimpft wird, kann die Tierärztin den Körper des Hundes sanft massieren, während ein Tierarzthelfer den Hund ablenkt, indem er ihm nach der Spritze ein Leckerli anbietet.

FRAG DIE TIER-ÄRZTIN

Warum muss ich die Zähne meines Hundes putzen?

— Cohen, 11 Jahre, Davenport, Iowa

Wenn du deine Zähne nicht putzen würdest, bekämst du Karies, Mundgeruch und Zahnfleischerkrankungen, und schließlich würdest du deine Zähne verlieren. Hunde bekommen zwar normalerweise keine Karies, aber wenn du ihre Zähne nicht putzt, kann das zu ähnlichen Zahnproblemen führen. Hier erfährst du, wie du die Zähne deines Hundes gesund hältst:

- Besorge dir die richtige Zahnbürste. Deine Zahnbürste ist nichts für dein Haustier. Er braucht eine mit einem längeren Griff und einem geneigten Kopf, der ins Maul passt. Für kleinere Hunde ist eine Fingerzahnbürste geeignet.
- Verwende für Haustiere geeignete Zahnpasta, da deine Zahnpasta Haustiere krank machen kann.
- Sei geduldig und sanft beim Bürsten.
- Suche deinen Tierarzt jährlich zur Untersuchung und Tiefenreinigung auf.

Besorge dir also die richtige Zahnbürste und Zahnpasta und fang an, die Zähne deines Haustiers zu pflegen. Denke daran, dass dein Hund lernen soll, die Erfahrung zu genießen, während du ihm hilfst, seine Zähne sauber zu halten.

— Debora Charles, Casa Linda Tierklinik, Dallas, Texas

WANN SOLLTEST DU MIT DEINEM HUND ZUR TIERÄRZTIN?

Neben den offensichtlichen Situationen wie Knochenbrüchen, starken Blutungen oder massiven Verletzungen des Kopfes, des Bauches oder des Brustkorbs gibt es noch weitere Szenarien, die einen sofortigen Gang zum Tierarzt rechtfertigen. Hier sind einige von ihnen:

- kann nicht gehen
- hat Schwierigkeiten beim Atmen
- ist aus einer Höhe von mehreren Metern oder die Treppe hinuntergestürzt
- hat eine tiefe Schnitt-, Biss- oder Stichwunde erlitten
- hat Gift, zum Beispiel Rattenköder, Auto-Frostschutzmittel oder Tabletten für Menschen geschluckt
- Magen ist angeschwollen; sabbert, ist aber nicht in der Lage zu erbrechen. Dies könnte eine Blähung sein, ein lebensbedrohlicher Zustand, der bei Hunden mit tiefem Brustkorb auftritt, die schnell fressen
- Zusammenbruch und Ohnmacht
- hat erstmalig einen Krampfanfall oder krampft länger
- wurde von einer Schlange gebissen

Abkühlung für heiße Tage

Hunde hecheln normalerweise, wenn ihnen warm ist oder sie sich bewegen. Ein Hund, dem viel zu heiß wird, hechelt sehr stark und schnell. Außerdem schwitzt er durch die Pfotenballen, und sein Zahnfleisch wird leuchtend rot. Zusammen sind das alles Anzeichen für einen Hitzschlag, der sehr ernst ist.
Führe deinen Hund sofort an einen schattigen Ort. Leg seine Pfoten nacheinander in kühles Wasser. Wenn möglich, leg ihm ein kühles, nasses Handtuch auf den Bauch. Nimm es alle paar Minuten ab und gib mehr kühles Wasser hinzu. Verwende kein Eiswasser und keine Eiswürfel, das kann einen Schock verursachen.

DIY

Erste-Hilfe-Kasten für Haustiere

Einen Erste-Hilfe-Kasten für deine Familie im Haus zu haben, ist eine prima Idee. Und ihr solltet auch einen für deinen Hund haben. Einige Artikel darin sind identisch, aber so weißt du, dass alles im Kasten nur für Tiere bestimmt ist. Suche die Giftnotrufnummer für Tiere für dein Bundesland heraus und schreibe sie auf den Erste-Hilfe-Kasten oder pinne sie gut sichtbar in eurer Wohnung an.

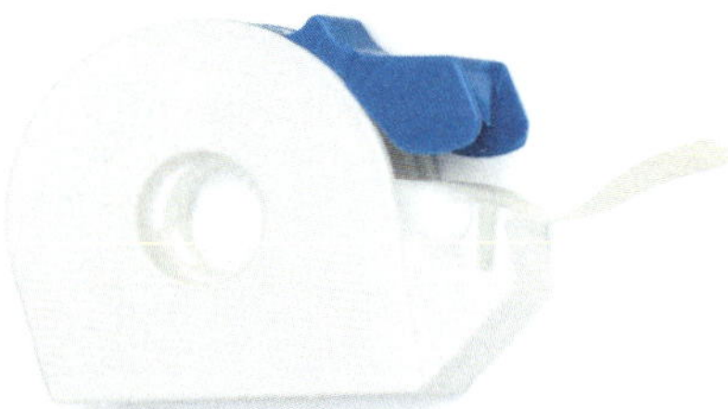

Erste-Hilfe-Tape (zum Fixieren von Verbänden)

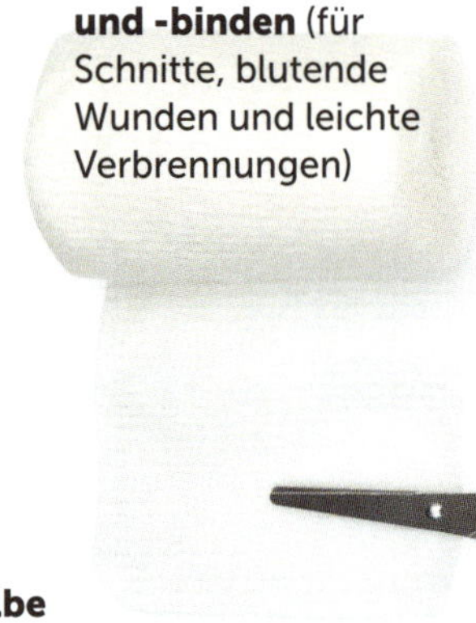

Mullkompressen und -binden (für Schnitte, blutende Wunden und leichte Verbrennungen)

Kühlpack (um Schwellungen zu kühlen)

Alkoholtupfer (um eine Wunde zu reinigen oder ein Werkzeug zu sterilisieren)

antibiotische Salbe (zur Desinfektion einer Wunde)

Schere mit stumpfer Spitze (zum Schneiden von Pflaster, Tape oder Mull)

eine Rolle **selbsthaftende Bandage,** damit der Hund die Bandage nicht anknabbert oder abbeißt

Antihistamingel für Haustiere (zur Behandlung von Insektenstichen oder -bissen)

Stichschutzpads (zur Behandlung eines Insektenstichs oder -bisses)

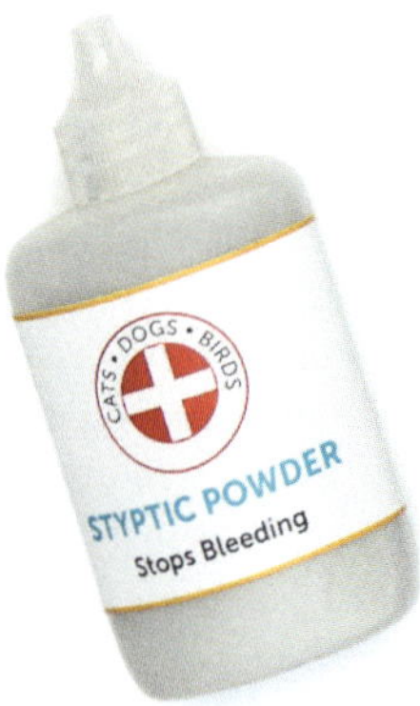

Alaunsteinpulver (zum Stillen kleinerer Blutungen)

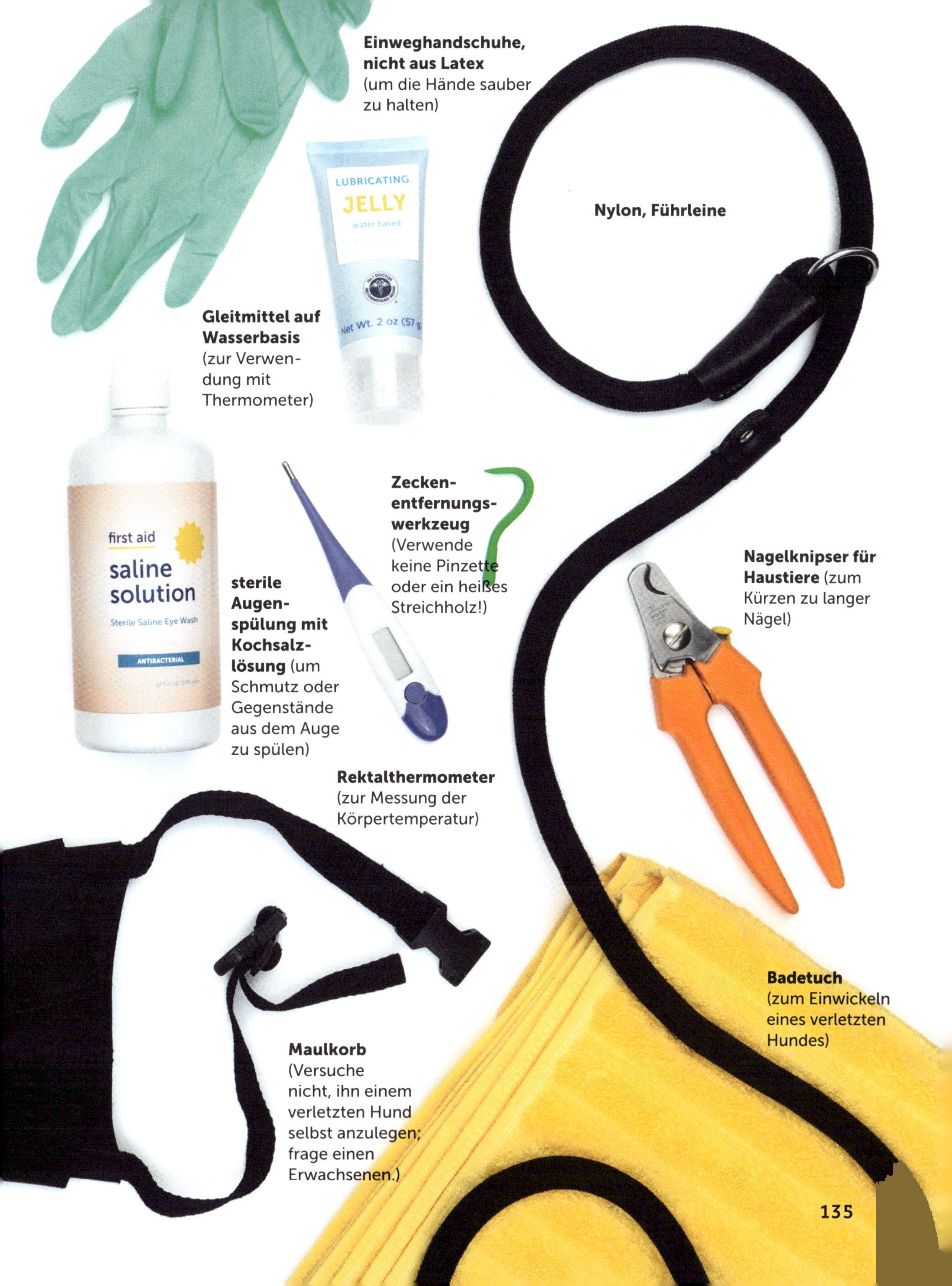

Einweghandschuhe, nicht aus Latex (um die Hände sauber zu halten)

Nylon, Führleine

Gleitmittel auf Wasserbasis (zur Verwendung mit Thermometer)

Zeckenentfernungswerkzeug (Verwende keine Pinzette oder ein heißes Streichholz!)

Nagelknipser für Haustiere (zum Kürzen zu langer Nägel)

sterile Augenspülung mit Kochsalzlösung (um Schmutz oder Gegenstände aus dem Auge zu spülen)

Rektalthermometer (zur Messung der Körpertemperatur)

Badetuch (zum Einwickeln eines verletzten Hundes)

Maulkorb (Versuche nicht, ihn einem verletzten Hund selbst anzulegen; frage einen Erwachsenen.)

BLOß KEINE FEIERTAGE ZUM HEULEN

Im Laufe des Jahres gibt es etliche Anlässe, bei denen viele Menschen (und sogar Haustiere) in deinem Haus oder Garten zu Gast sein können – sei es zum Grillfest, an Feiertagen oder zum Geburtstag. An diesen Tagen verändert sich die normale Haushaltsroutine und auch die Einrichtung sieht anders aus, was sowohl die Neugierde deines Hundes als auch seinen Stresspegel in die Höhe treiben kann.

Aus der Sicht deines Hundes sind glitzernder, baumelnder Weihnachtsschmuck, Lametta, Kerzen und Potpourri nicht zu übersehen. Damit besondere Anlässe und Feiertage nicht zu *»Heulfeiertagen«* mit einem Notfallbesuch in der Tierklinik werden, solltest du die folgenden Sicherheitstipps beachten.

POWERE DEINEN HUND AUS. Nimm ihn auf einen langen Spaziergang mit oder plane kleine Spielrunden mit seinem Lieblingsspiel, zum Beispiel Apportieren oder Tauziehen. Denk daran, dass ein müder Hund ein glücklicher Hund ist, der sich seltener in Schwierigkeiten bringt.

LASS IHN UNTER LEUTE. Ein menschenbezogener, gut erzogener Hund darf gerne kurz im Rampenlicht stehen, um Gäste zu begrüßen oder ein paar Tricks

vorzuführen. Kona liebt es, sich aufzusetzen und eine Pfote zur Begrüßung auszustrecken. Wenn dein Hundekumpel jedoch übermäßig aufgeregt ist, geh mit ihm spazieren oder schenke ihm eine ruhige Zeit abseits des Trubels.

ODER LASS IHN SICH VERSTECKEN. Biete einem scheuen Hund einen sicheren Ort, wenn das Haus voller Leute ist. Bring ihn beispielsweise ins Gästezimmer oder einen anderen sicheren, geschlossenen Raum. Gib ihm ein mit Leckerlis gefülltes Spielzeug oder einen Kauknochen zur Beschäftigung.

ACHTE AUF DIE DEKORATION. Verwende für Halloween, Weihnachten oder andere Feiertage, wo Deko groß angesagt ist, nur batteriebetriebene Kerzen, um das Risiko von Flammen oder heißem Wachs zu vermeiden, das deinen Hund verletzen könnte. Verwende keinen zerbrechlichen Baumschmuck. Dein Hund könnte sich die Pfoten verletzen – oder schlimmer noch, er könnte hineinbeißen und sich das Maul aufschneiden.

ACHTE AUFS ESSEN. An den Feiertagen gibt es in der Regel jede Menge Festmahlzutaten, die nicht in Reichweite von Pfoten gelangen dürfen. Lege keine essbaren Geschenke unter den Weihnachtsbaum, wo dein Hund sie anknabbern kann. Wenn du einen Hund hast, der versucht, Leckereien von Küchentheken oder Tischen zu stibitzen, sperre ihn in einen sicheren Raum, während das Essen serviert wird.

Häufige Gefahren für Hunde sind Brotteig, zuckerhaltiger Schinken und Schokoladenbonbons (auf Seite 47 findest du andere gefährliche Lebensmittel).

Antworten auf die Hunde-Quiz

QUIZ 1 (SEITE 23)

1. **A.** Menschen haben mit etwa 9 000 die meisten Geschmacksknospen. Hunde haben etwa 1 700 Geschmacksknospen und Katzen haben nur 473. Tierärzte haben herausgefunden, dass Hunde sich nicht wie Menschen nach salzigen Geschmäckern sehnen, dafür aber spezielle Geschmacksrezeptoren haben, um Fett und Wasser zu erkennen.
2. **D.** Windhund. Der langbeinige, leichtgewichtige Windhund hat enorme Sprungkraft in den Beinen. Der hündische Sprungweltrekord wurde mit 1,73 Metern von einer Windhündin namens *»Soaring Cindy«* – » Hochfliegende Cindy« – erreicht.
3. **C.** 12. Bei ihrem ausgezeichneten Gehör überrascht es nicht, dass Hunde etwa ein Dutzend Muskeln haben, um ihre Ohren auf verschiedene Weise zu bewegen. Sie können sie drehen, um Geräusche zu hören, oder sie aufstellen, um Interesse zu zeigen, oder sie platt anlegen, wenn sie nervös sind oder Angst haben.
4. **C.** Basenji. Dieser Jagdhund kommt ursprünglich aus Zentralafrika. Der Basenji, was so viel wie *»kleines, wildes Buschtier«* heißt, ist für sein Jodeln bekannt. (Überraschung: Australische Schäferhunde stammen aus dem amerikanischen Westen!)

QUIZ 2 (SEITE 55)

1. **D.** Wenn sich zwei Hunde begegnen, entspricht die Kunst des Beschnupperns des Hinterteils des anderen Hundes dem *»hündischen Händeschütteln«*. Hunde sind fantastische Schnüffler. Tatsächlich können Hunde 10 000 Mal besser riechen als Menschen. Und am Hinterteil befinden sich der Anus und die Analdrüsen. Sie produzieren Sekrete, die dem schnüffelnden Hund Aufschluss über das Geschlecht des beschnüffelten Hundes, seinen sozialen Status im Rudel, seine Stimmung und seine letzte Mahlzeit geben. Ziemlich cool, oder?
2. **B.** Dank einer speziellen Augenmembran, dem Tapetum lucidum, können Hunde bei schwachem Licht besser sehen als Menschen. In völliger Dunkelheit sehen sie jedoch nichts. Wenn du einen älteren Hund zu Hause hast, sprich mit deinen Eltern über ein Nachtlicht, das deinem Hund hilft, nachts zum Wassernapf zu gelangen.
3. **C.** 1 700. Hunde haben genau wie du Geschmacksknospen, um bittere, süße, saure und salzige Geschmäcker wahrzunehmen. Aber du hast etwa 9 000 Geschmacksknospen! Du kannst Lebensmittel viel besser schmecken als dein Hund. Hunde haben jedoch

spezielle Rezeptoren, mit denen sie Fett und Wasser schmecken können.

4. C. 50 Eier in nur einem Tag. Die häufigsten Verstecke für Flöhe auf einem Hund sind der Nacken und der Rücken in der Nähe der Rute. Gib deinem Hund ein Floh- und Zeckenschutzmittel (in der Tierklinik erhältlich). Auf diese Weise kannst du ihn vor Flohbissen und Juckreiz bewahren.

5. A. Hunde kühlen sich hauptsächlich durch Hecheln ab, aber sie haben auch Schweißdrüsen in ihren Pfotenballen. An heißen Tagen nutzt dein Hund vielleicht die Gelegenheit, in eine Pfütze aus dem Gartenschlauch zu tauchen!

QUIZ 3 (SEITE 90)

1. D. Alle der oben genannten Punkte. Es spielt keine Rolle, ob du deinen Hund mit gesunden Mahlzeiten fütterst oder ihn mit lustigen Spielzeugen versorgst; er zeigt die Mentalität seiner undomestizierten Vorfahren, die überschüssiges Futter in Verstecken vergruben, um später darauf zurückzugreifen. Für uns mag das seltsam klingen, aber für deinen Hund schmeckt die Leckerei durch den Schmutz besser. Außerdem verstecken Hunde, die denken »*Mein, mein, mein!*«, ihre Schätze vor anderen Vierbeinern, damit sie nicht teilen müssen.

2. C. Wenn sie aufgeregt sind, gähnen Hunde nicht. Aber Gähnen ist nicht nur ein Zeichen von Müdigkeit oder Langeweile. Wenn dein Hund gähnt, während laute Geräusche zu hören sind, zeigt er dir damit, dass er ängstlich oder nervös ist. Führe ihn von diesen irritierenden Geräuschen weg. Wenn dein Hund während des Trainings gähnt, ist das ein Zeichen für dich, aufzuhören oder einen neuen Trick einzuführen.

3. A. Weintrauben. Deinem Hund Karotten, Apfelscheiben oder Stücke von gebratenem Huhn als Belohnung zu geben, ist absolut okay. Aber wirf ihm niemals eine Weintraube zu. Er könnte daran ersticken, und noch schlimmer ist, dass zu viele Weintrauben (oder Rosinen) für Hunde giftig sein können.

4. C. Obwohl die Forschung nicht wirklich weiß, warum sich Hunde gerne in ekligen Dingen wälzen, glauben viele Menschen, dass Hunde ihren eigenen Geruch überdecken, um sich an ahnungslose Beute heranzuschleichen. Ein weiterer Grund ist, dass Hunde nach einem Bad nicht gerne nach Rosen oder Lavendel riechen. Diese starken künstlichen Düfte können empfindliche Nasen reizen. Tu deinem Hund einen Gefallen und verwende ein unparfümiertes Shampoo für Haustiere, damit er nicht in Versuchung gerät, sich im Garten in etwas zu wälzen, das seiner Meinung nach viel besser riecht!

Quellen

American Kennel Club
www.akc.org

Verband für das Deutsche Hundewesen
www.vdh.de

Bundestierärztekammer (BTK)
www.bundestieraerztekammer.de

Deutscher Tierschutzbund
www.tierschutzbund.de

TASSO e. V.
www.tasso.net

Die Deutsche Veterinärmedizinische Gesellschaft
www.dvg.net

Hundetrainer Netzwerk
www.hundetrainer-netzwerk.com

Hilfe und Informationen bei Vergiftungen
www.tierschutzbund.de/information/hintergrund/heimtiere/vergiftungen-bei-heimtieren/

Empfohlene Bücher

Lucky Dogs – der Hundetrainer: der 7-Tage-Trainingsplan für jeden Hund / Brandon McMillan; Goldmann, 2019

55 Hunde-Spiele für drinnen und draußen / Simone Isenberg; riva, 2021

Hunde-Sprechstunde – Alles über Krankheiten, Fellpflege und Ernährung. So bleibt Ihr Hund gesund / Simone Isenberg; mvg Verlag, 2022

Hundefutter aus dem Thermomix – die besten Rezepte für gesunde Vierbeiner / Charly Till, Janosch Engler; riva, 2017

WEITERE BÜCHER VON ARDEN MOORE

Pizza Pansen und 50 weitere Rezepte für Hunde, Kosmos, 2002

Auf Englisch erhältlich:

The Dog Behavior Answer Book, Storey Publishing, 2006

Fit Dog: Tips and Tricks to Give Your Pet a Longer, Healthier, Happier Life, Firefly Books, 2015

What Dogs Want: A Visual Guide to Understanding Your Dog's Every Move, Firefly Books, 2012

DANKSAGUNGEN

Ich verneige mich vor all den Verhaltensforschern, Tierärzten und professionellen Hundetrainern, die mich in den letzten zwei Jahrzehnten in allen Fragen rund um das Hundewesen beraten haben.

Ein besonderer Dank geht an Dr. Marty Becker, Dr. Alice Moon-Fanelli, Jamie Migdal und Brandon McMillian.

Dieses Buch wäre ohne hundebegeisterte Kinder – unsere nächste Generation – nicht möglich gewesen. Ich liebe es, Kindern die Werkzeuge an die Hand zu geben, die sie brauchen, um das Beste in ihren Haustieren hervorzubringen. Mein besonderer Dank gilt Terri Hooks und all den coolen Kids, die am »SPCA of Texas Critter Camp« teilgenommen haben, weil sie mich motiviert haben, dieses Buch für alle Kinder zu schreiben.

Schließlich gilt mein Dank und meine Anerkennung Lisa Hiley, meiner Hauptlektorin, und dem gesamten Team von Storey Publishing, die an mich geglaubt haben und glauben – schon als sie vor fast 20 Jahren mein erstes Buch veröffentlicht haben.

Index

Weitere Fotos von © 2014 A Dogs Life Photography/stock.adobe.com, 76; © adogslifephoto/iStock.com, 38, 39, 69 u., 85 u.; © alexei_tm/iStock.com, 25 o.l. , 31 u.; © aluxum/iStock.com, 42 (Farbe); © Andrey_Kuzmin/iStock.com, 129; © Anna_Rostova/iStock.com, 50; © annaav/stock.adobe.com, 118; © anntronova/stock.adobe.com, 27 o.; © Arden Moore, 6; © BillionPhotos.com/stock.adobe.com, 137; © chalabala/stock.adobe.com, 35; © ChristopherBernard/iStock.com, 40; © claireliz/stock.adobe.com, 30 u.; © damedeeso/iStock.com, 5, 132; © Eriklam/iStock.com, 24, 25 u.; © Ermolaev Alexandr/stock.adobe.com, 47 u., 131 u.; © exzozis/stock.adobe.com, 29 u.; © Fly_dragonfly/stock.adobe.com, 11 o.; © fotyma/iStock.com, 25 o.r.; © GeorgePeters/iStock.com, 59; © GlobalP/iStock.com, 11 u., 16, 95, 108 u., 127, 128 u.; © godrick/iStock.com, 117; © gollykim/iStock.com, 3, 31 o., 98; © GoodLifeStudio/iStock.com, 30 o.; © HadelProductions/iStock.com, 90 u.; © helga1981/stock.adobe.com, 122; © hhelene/stock.adobe.com, 41 (bittersüß); © igorr1/iStock.com, 28 u.; © IndigoLT/iStock.com, 104; © Javier brosch/stock.adobe.com, 52; © leungchopan/stock.adobe.com, 26 u.r.; © LIGHTFIELD STUDIOS/stock.adobe.com, 23, 55, 90 o.; © Liliboas/iStock.com, 15, 47 o., 53, 69 o., 79, 85 o., 128 o., 131 o.; © Marcelo-Kaneshira/iStock.com, 26 o.r.; © marcoventuriniautieri/iStock.com, 102; © MarkCoffeyPhoto/iStock.com, 94; © matka_Wariatka/iStock.com, 41 (Tulpe); © mato181/iStock.com, 31 m.; © Merril Buckhorn/iStock.com, 93; © mgstock/stock.adobe.com, 26 v.l.; © Michael Burrell/iStock.com, 41 (Stechpalme); © Mira Drozdowski/stock.adobe.com, 41 (Rhododendron); © mwilson_93/iStock.com, 96; © nadisja/iStock.com, 126; © nataba/stock.adobe.com, 9; © nechaev-kon/iStock.com, 41 (Butterblume); © Nerthuz/iStock.com, 44; © Nikolai Tsvetkov/stock.adobe.com, 65; © Orbon Alija/iStock.com, 101; © otsphoto /stock.adobe.com, 29 m., 97; © Parilov/stock.adobe.com, 46; © pauchi/stock.adobe.com, 115; © Pekic/iStock.com, 133; © PhotonStock/iStock.com, 42 (Kissen); © rodimovpavel/stock.adobe.com, 73; © RyanJLane/iStock.com, 18; © Sam Edwards/Getty Images, 14; © scisettialfio/iStock.com, 41 (Fingerhut, Oleander); © sdominick/iStock.com, 17; © SKapl/iStock.com, 130; © Soloviova Liudmyla/stock.adobe.com, 28 o.; © SolStock/iStock.com, 119; © SStajic/iStock.com, 29 o.; © svetography/stock.adobe.com, 21; © Tanaphong/iStock.com, 42 (Reifen); © Tara Gregg/EyeEm/Getty Images, 26 o.l.; © Tropical studio/stock.adobe.com, 30 m., 100; © ulkas/stock.adobe.com, 12; © unpict/iStock.com, 41 (Eibe); © Vasyl Dolmatov/iStock.com, 136; © vikarus/iStock.com, 27 u.; © WilleeCole/iStock.com, 91; © Wojciech Kozielczyk/iStock.com, 51; © YinYang/iStock.com, 13

Mit Dank an die Hunde und Hündinnen, deren Starpower auf diesen Seiten so hell erstrahlt:

- **BROOKS,** Springer Spaniel, der Tauziehen liebt
- **CHANCE,** Yorkshire-Terrier, der aus einer Welpenfabrik gerettet wurde
- **CHICO,** Zwergpudel und Sicherheitschef im Ruhestand
- **ODIN,** geretteter Terrier-Mix, der es liebt, sich unter einen Berg an Decken zu kuscheln
- **OTTO,** älterer Bürger, der täglich jemanden aufmuntert, der noch älter ist als er
- **PIPPIN,** geretteter Welpe, der seinen Jungen Nate liebt
- **TESSA,** geduldige Siberian Husky mit wunderschönen babyblauen Augen